22
21
23
24
25
26
32
33
34
35
36
37
38
38
38
39
39
39
14
13
40
41
42

DIE MAGIE DES BERNSTEINS

Die Deutsche Bibliothek – CIP-Einheitsaufnahme
Ein Titelsatz für diese Publikation ist bei
Der Deutschen Bibliothek erhältlich.

1. Auflage
Graphische Gestaltung: Christian Brandstätter
Übersetzung aus dem Französischen: Susanna Grabmayr
Technische Betreuung: Franz Hanns
Lektorat: Elisabeth Hölzl
Reprografie und Datenbearbeitung: Pixelstorm Kostal & Schindler OEG, Wien
Druck und Bindung: Obersteirische Druck- und Verlagsges.m.b.H., Leoben

ISBN 3-85498-329-8

Christian Brandstätter Verlagsgesellschaft m.b.H.
A-1015 Wien, Schwarzenbergstraße 5
Telephon (+43-1) 512 15 43-0
Telefax (+43-1) 512 15 43-231
E-Mail: cbv@oebv.co.at
www.brandstaetter-verlag.at

Gedruckt mit Förderung der Firma ALTANA Pharma Gesellschaft mbH

Abbildungen: Cover (Hintergrundbild: Bildarchiv preußischer Kulturbesitz; Bernsteinstück: Otto Potsch, Wolkersdorf), S. 3 (Privatsammlung), S. 4 (Bibliothèque Nationale, Paris), S. 6 (dpa), S. 89 (APA).

Die Autorin

Elisabeth Pineau, Weltreisende, hat sich lange Zeit in Vietnam, wo sie geboren wurde, sowie – für die französische Tageszeitung *Le Monde* – in Italien aufgehalten. Ihre Faszination für Bernstein entdeckte sie in Deutschland, das sie häufig besuchte. Sie bereiste auch mehrmals die Länder rund um die Ostsee bis St. Petersburg.
Mit ihrem Buch tauchen wir in die kulturellen Beziehungen Nordeuropas, denen man bislang zu wenig Bedeutung beigemessen hatte, ein und haben Teil an der abenteuerlichen Geschichte des Bernsteinzimmers von Zarskoje Selo.

Elisabeth Pineau

DIE MAGIE DES BERNSTEINS

Das Bernsteinzimmer von Zarskoje Selo bei St. Petersburg

Übersetzt von Susanna Grabmayr

Verlag Christian Brandstätter · Wien

L'ART DU TOUR.

Coursier Fils, Professeur,

Enseigne aux amateurs tout ce que comprend le Tour, tels que l'Ovale, le bosse, le Guilloché, le Tournage des métaux et la Tabletterie, etc. Donne des leçons chez lui et en ville. Fabrique des Tours et des Outils de tous genres à garantie.

Ses Ateliers sont situés **Passage de l'Industrie, N° 8**, Entrée par les F.g S.t Martin & S.t Denis.

Inhalt

PRÄZISION IST UNSER ANLIEGEN

Bei der Teilnahme am INTERASMA-World Asthma Congress in St. Petersburg im Juli 2003 entstand der Wunsch, das wieder errichtete Bernsteinzimmer zu besichtigen.
Wegen großen Andranges war das nicht leicht, doch schließlich konnte dies mit großer Präzision ausgeführte Projekt bewundert werden.
Eine glückliche Fügung spielte uns darüber ein französisches Büchlein in die Hände. Die deutsche Fassung haben wir nun erstellt und widmen sie Ihnen zur anregenden Lektüre.

Dr. Ernst Porpaczy ppa. Hubert Nettel
Wien, Dezember 2003

ALTANA
Österreich

„Die in Pappeln verwandelten Schwestern Phaëtons oder der Ursprung des Bernsteins"
von Santi di Tito (1536–1603), (*Studiolo* von Francesco I, Palazzo Vecchio, Florenz)

Das Gold des Nordens

Im 18. Jahrhundert schrieb der englische Dichter William Blake: „Was jetzt bewiesen ist, war einst die Frucht der Vorstellung." Dieser Satz gibt aufs Trefflichste die Faszination wieder, die seit der Antike von Bernstein ausgeht, diesem edlen Material, das auch Gold des Nordens genannt wird. Und dies 1700 Jahre vor dem Entwurf der Bernsteinpaneele, die in der Folge in das magische Bernsteinzimmer eingebaut wurden, das man heute in Zarskoje Selo, einer der kaiserlichen Sommerresidenzen nahe St. Petersburg, bewundern kann.
So berichtet uns Ovid in seinen *Metamorphosen* von den mythischen Nymphen, den Heliaden, deren Bruder Phaëton den von ihrem Vaters Helios geliehenen Sonnenwagen nicht zu beherrschen vermochte. Dieser lässt den flüchtenden Sohn in den Fluss Eridanos (eigentlich den Po) stürzen und verhindert auf diese Weise, dass die Erde wieder zu dem Chaos zurückkehrt, das vor der Schöpfung geherrscht hat. Die Heliaden wurden daraufhin in Pappeln verwandelt und ihre Schmerzenstränen erstarrten zu Bernstein.
Eine andere Sage wird in Litauen erzählt, das im Herzen des Baltikums liegt, jenem Gebiet, welches das Ziel der Reise durch Raum und Zeit ist, zu der ich Sie einladen möchte: Die Meeresgöttin Juratè weint Bernsteintränen nach der Zerstörung ihres Unterwasserschlosses durch den Donnergott Perkunas. Aufgrund der Arbeiten des russischen Gelehrten Michail Lomonossow im 18. Jahrhundert wissen wir mit Bestimmtheit, dass der geheimnisvolle Bernstein das Produkt der langsamen Umwandlung von gehärteten und versteinerten Koniferenharzen ist, die im Tertiär (vor ca. 55 Millionen Jahren) die Flussdeltas Fennoskandiens bedeckten, welches die Gebiete der heutigen Länder Norwegen, Dänemark und Finnland umfasste. Diese Landmasse war das Zentrum eines großen Kontinents mit subtropischem Klima und einer mittleren Temperatur von 20°C.
Im Laufe von 15 bis 20 Millionen Jahren haben sich dichte, heute

Yantarnij (Privatsammlung)

verschwundene Koniferenwälder gebildet, zu deren Bäumen auch die Bernsteinkiefer *Pinus Succinifera* zählte, wobei *Pinus* der Gattungsname ist und *Succinifera* so viel wie „Saftträger" bedeutet, d.h. Harz, das bei Einkerbung des Baumes ausfließt. Den Untersuchungen der Deutschen Hugo Conwentz und Wilhelm Bölsche aus den Jahren 1927 bis 1935 zufolge hatten im Verlauf von Jahrmillionen Stürme und durch Blitzschlag ausgelöste Brände das Harz auf den Waldboden tropfen lassen, wobei Insekten und Parasiten in diese Schichten eindrangen und so die „Succinose" bewirkten, die vielleicht den Untergang der Wälder einleitete. Dadurch hat sich ihren Berechnungen zufolge eine Million Tonnen „Succinit" gebildet, wie der Ostsee-Bernstein genannt wird.

Im Oligozän drang das Meer ein und überschwemmte große Flächen der nordeuropäischen Niederungen, die Ostsee entstand. Im Verlauf dieser gewaltigen geologischen Umwälzungen mit Phasen der Vergletscherung und Erwärmung wurde der Boden dieser vernichteten Koniferenwälder ausgewaschen und der Bernstein verlagerte sich in halb geschlossene maritime Becken, wo er mit Schichten von „Blauer Erde“ vermischte.

In Yantarnij (vom Russischen *yantar*, Bernstein), auf Deutsch Palmnicken, in der russischen Provinz Kaliningrad (dem ehemaligen Königsberg) ergibt eine Tonne „Blaue Erde“, die mit Hochdruck aus fünfzig Zentimeter Tiefe oder mehr gefördert wird, ein Kilogramm Bernstein. 1994 bezifferte das Kombinat die Produktion mit 760 Tonnen Bernstein. An dieser mit finsteren Wäldern bedeckten Küste der

Carta Marina *der Ostsee von Olaus Magnus.*

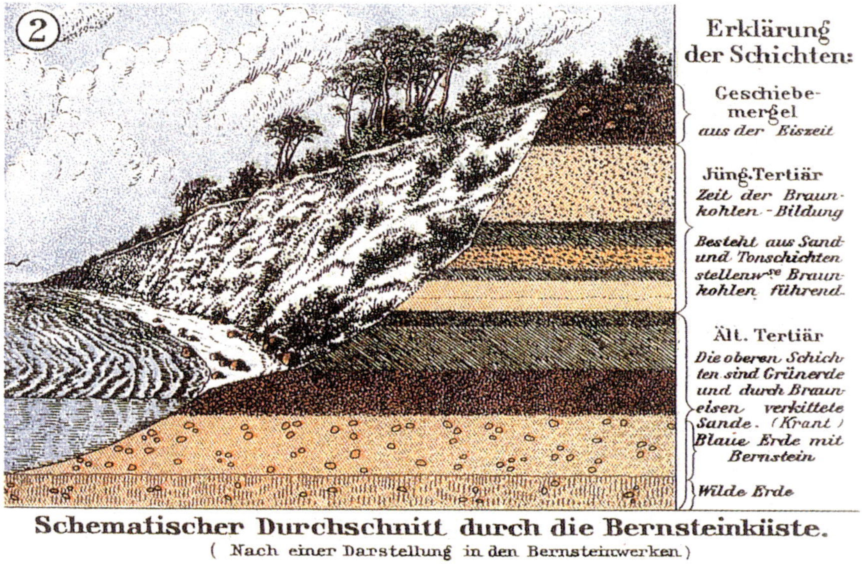

Schematischer Schnitt der bernsteinhältigen Bodenformation entlang der Ostseeküste (Ostpreußisches Landesmuseum, Lüneburg, Deutschland)

Ostsee nördlich von Kaliningrad werden 90 % des weltweit gewonnenen Bernsteins gefördert. Nur ein geringer Teil wird für kunstgewerbliche Zwecke verwendet, der weitaus größere ist der industriellen Produktion von Lacken und elektrischen Isolatoren vorbehalten. Dieser sich über Jahrmillionen erstreckende Prozess kann trotz der Bestimmungsmöglichkeiten mittels DNS (Nukleinsäure, Träger der Erbinformation) nicht genauer spezifiziert werden. Dagegen gibt uns

Bernstein mit tierischem Einschluss: Fliege (Musée National d'Histoire Naturelle, Paris)

Gegenüber: Besonders großes Bernsteinstück (links), Höhe 23 cm, Breite 28 cm, (Galerie Frémontier, Paris)

Bernsteinschürfen bei Memel (Vc 340 fol., Bibliothèque Nationale, Paris)

die Untersuchung der Bernsteinstücke mit pflanzlichen oder tierischen Einschlüssen Aufschluss über die Fauna und Flora dieser Region.

Mit etwas Glück kann man nach den häufigen Stürmen zum Herbstäquinoktium (Tagundnachtgleiche) Bernsteinstücke an den herrlichen feinen Sandstränden der lettischen Küste oder der Düne von Neringa in Litauen finden!

Im Gegensatz zum „grauen“ Bernstein tierischen Ursprungs (der versteinerte Magensaft des Pottwals), einem kostbaren Fixiermittel für Parfums, ist der „gelbe“ Bernstein ein steinhartes Mineral, das aber gleich schwer wie Wasser ist. Er verbrennt leicht ohne Rückstände mit einem angenehmen, charakteristischen Geruch. Poliert glänzt er im Sonnenlicht. Seine elektrostatischen Eigenschaften sowie seine Seltenheit und die mühevolle Gewinnung in den nebligen Weiten des Nordens sind mit ein Teil jenes Zaubers, der ihn umgibt.

Homer nannte diesen faszinierenden Stoff *elektron*, die Römer *electrum, succinum* oder *glesum* (wie das deutsche „Glas“), die Perser *kara-*

be. Die Araber bezeichneten ihn als *ambra*, woraus sich die Bezeichnungen in den romanischen Sprachen ableiten lassen – französisch *ambre*, *ambra* im Italienischen oder *ambar* im spanischen Sprachraum. Altpreußisch hieß er *gentator*, was sich im Litauischen *gintaras* oder im Russischen *yantar* sowie auch im Lettischen *dzintars* wiederfindet. Auch andere Sprachgruppen, wie das Estnische *meriphikaa* oder *rafr* im Norwegischen und *rav* im Dänischen, seien erwähnt. Seit dem 13. Jahrhundert schließlich verwendet man in manchen Ländern den aus dem Germanischen „Brennstein oder brennbarer Stein" abgeleiteten Ausdruck *bernstein* oder *barnsteen* im Niederländischen, *bärnsten* im Schwedischen und *bursztyn* im Polnischen.
Die Bezeichnung „Bernstein" ist nicht der wissenschaftliche Name für eine bestimmte Sorte von Harz, sondern der Name für eine Summe von Eigenschaften, die heterogenen Harzen gemeinsam sind, die sich jedoch voneinander durch ihre chemischen oder physikalischen Eigenschaften unterscheiden. Bernsteinstücke gleicher Provenienz sind nicht notwendigerweise homogen und enthalten nicht unbe-

Bernstein von der litauischen Küste (Gintaro Muziejus Galerija, Vilnius, Litauen)

Amor *aus Bernstein, Höhe 11 cm* (Thermenmuseum, Heerlen, Niederlande)

dingt dieselben Bestandteile. Diese versteinerten Harze unterscheiden sich auch durch ihre geologische Entstehung sowie durch ihre geografische Herkunft.

Dies erklärt die 400 an der Ostseeküste vorkommenden Bernsteinvarianten und ihre 300 verschiedenen Farben, von völlig durchsichtig und farblos bis zu opakem, milchigem Weiß, über alle Gelbschattierungen bis zu Braun, ja sogar Rot, Grau oder Schwarz, leuchtendem Grün oder – noch viel seltener – Blau. In diesem Fall handelt es sich nicht um eine Farbe, die auf Pigmentierung zurückzuführen ist, sondern um eine Reflexion des Lichteinfalls auf der Oberfläche oder im Inneren des Minerals.

Bernstein, dieses durch Sedimentation und Versteinerung von Harzen entstandene organische Mineral, besteht zu mindestens 8 % aus Bernsteinsäure, im Gegensatz etwa zum afrikanischen Kopal, mit dem er häufig verwechselt wird.

Schon die alten Kulturen schrieben dem Bernstein heilende Eigenschaften zu (ganz allgemein soll er sich positiv auf die „Körpersäfte" auswirken), und die Völker schützten sich seit der Bronzezeit (in Nordeuropa 1700 v. Chr.) mit Bernsteinamuletten vor den Naturkräften oder Schicksalsschlägen.

Das kaiserliche Rom war ganz verrückt nach Bernstein. Plinius der Ältere, der zur Zeit Neros lebte, widmet ihm in seiner *Naturalis Histo-*

ria einige Abschnitte in dem Kapitel über Edelsteine. Er erzählt, dass der „römische Reiter [...] so viel *succinum* mitbrachte, dass die Netze, die bei den Gladiatorenkämpfen das Podium gegen die wilden Tiere [...] schützten, mit Knöpfen aus diesem Material befestigt und die Waffen, die Tragbahren [...] mit *succinum* überzogen waren“. Es heißt sogar, dass Kaiserin Poppaea, Neros Ehefrau, ihrem üppigen Haar durch eine bernsteinhältige Tinktur einen goldenen Schimmer verlieh!

Diese Bernstein-Mode sollte bis zum 4. Jahrhundert unserer Zeitrechnung anhalten. Archäologische Funde nahe dem niederländischen Nimwegen förderten Grabbeigaben mit Bernsteinfiguren zu Tage.

Die edlen römischen Damen waren in ihrer letzten Ruhestätte von Gegenständen des täglichen Gebrauchs wie Kämmen, Löffeln, Spiegelhaltern, kleinen Öllämpchen oder z.B. diesem *Amor* aus Bernstein (Abb. S. 16) umgeben.

Diese Wertgegenstände zeugen nicht nur von ihrem Reichtum, sondern das Licht des Bernsteins sollte auch die Reise ins Jenseits erhellen.

Nach den Beutezügen der kriegerischen Wikinger in den Norden Europas sei nicht auf das goldene Zeitalter der Hansestädte vergessen, als der höchst lukrative Handel mit dem baltischen Gold zum Reichtum Brügges beitrug, bis dessen Hafen Ende des 14. Jahrhunderts versandete. Die 1302 gegründete Zunft der *Paternostermakers* verarbeitete dort die kleinen Bernsteinwürfel, die der Deutsche Orden durch sein Monopol der

Siegel der Zunft der Paternostermakers *von Brügge, wahrscheinlich die Hl. Klara von Assisi darstellend* (Stadsarchief Stad Brugge, Brügge, Belgien)

„Doppelporträt von Giovanni (?) Arnolfini und seiner Frau“ von Jan van Eyck, 1434. Man kann einen Rosenkranz neben dem Spiegel hängend erkennen (National Gallery, London)

Bernsteingewinnung (Bernsteinregal) an der baltischen Ostseeküste in *Koggen* (Handelsschiffen) nach Brügge verschiffte. Nachdem der Bernstein durchbohrt, zu Kugeln gedrechselt und zu Rosenkränzen verarbeitet worden war, wurde er in den reichen Klöstern verkauft. Im 12. Jahrhundert galten weiße Bernsteinvarianten („Knochen“) als besonders wirksam, aber da sie seltener vorkamen, verbot der Deutsche Orden ihren Verkauf. Sie mussten in Krankenhäusern abgeliefert werden und waren ausschließlich für medizinische Zwecke bestimmt. Der fromme Philipp III., der Gute, Herzog von Burgund, hatte seine Residenz im hochkultivierten Brügge und trug selbst einen Rosenkranz mit 150 opaken Perlen vom so genannten „königlichen“ Bernstein, dem nicht nur religiöse Bedeutung, sondern auch Heilkraft nachgesagt wurde.

Die zweifelsohne bekannteste Rosenkranzdarstellung befindet sich auf dem berühmten Bild *Doppelporträt von Giovanni (?) Arnolfini und seiner Frau*, das der Lieblingsmaler des Herzogs, Jan van Eyck (1390–1441), 1434 gemalt hatte. Die so wunderbare Durchlässigkeit auf den Gemälden des flämischen Meisters geht auf die von ihm verwendete Bernsteinlasur zurück, deren Rezeptur er nicht preisgab.
Die florentinischen Bankiers in Brügge führen uns natürlich zum Großherzog der Toskana, Francesco I Medici, der von 1574 bis 1587 über Florenz herrschte. Seine persönlichen Gegenstände bzw. seine *Guardaroba* umfassten zahlreiche bemerkenswerte und seltene Objekte: Meteoriten, Elfenbeinstoßzähne, ausgestopfte Reptilien oder geschliffene Kristalle, die in der Folge in einer Kuriositätenkammer ihren Platz fanden. Der Bernstein, der die Sonnenstrahlen einfängt, gehörte ebenfalls zu diesem wertvollen Universum. Ihn studierte und schätzte man als höchsten Ausdruck der Natur.
Selbst die Medizin des 20. Jahrhunderts kommt nicht ohne Bernstein aus: Mitte der 1930er Jahre wurden in Deutschland Bluttransfusions, Aufbewahrungs- und Laboratoriumsgeräte aus Pressbernstein hergestellt. Heute wird Bernstein in homöopathischen Präparaten verwendet.

Detail aus dem „Doppelporträt von Giovanni (?) Arnolfini und seiner Frau" von Jan van Eyck, 1434 (National Gallery, London)

Der König in Preussen und der Vorläufer des Bernsteinzimmers

Das Bernsteinzimmer im Katharinenpalast, dem Kleinod der Sommerresidenz Zarskoje Selo, ist einzigartig auf der ganzen Welt; es ist das größte jemals in Bernstein ausgeführte Kunstwerk. Seine Geschichte, ein wahrer Fortsetzungsroman, hat ihren fernen Ursprung in den Kuriositätenkammern, wo es seit der Renaissance üblich war, wertvolle Gegenstände anzuhäufen. Dort beeindruckten die Fürsten der großen und weniger großen europäischen Höfe ihre hochrangigen Gäste gerne mit seltenen Gegenstände, die von ihrer Fantasie und ihrem Reichtum zeugen sollten. Das antike Ideal der universellen Sammlung wich der Spezialisierung in unterschiedlichen Kunstsammlungen, den sogenannten Kunstkammern. So umgab man sich, vor allem in Nordeuropa, ab dem 17. Jahrhundert häufig mit aus Bernstein gedrechselten Gegenständen (Schatullen, Schachspielen, Bestecken, Lüstern, Schalen und Pokalen), während die Schätze früher, als sie noch stärker religiösen Charakter hatten (Kerzenleuchter, Altäre oder Monstranzen), als Attribute der Souveränität aber auch Ursprung unserer Museen in den Kirchen aufbewahrt wurden.
Die Perfektionierung der Bernsteinbearbeitung ab der zweiten Hälfte des 17. Jahrhunderts hatte dieser Kunstrichtung zu einem neuen Aufschwung verholfen. Die Technik bestand darin, die Stücke so nebeneinander zu legen, dass sie sich ineinander fügten, und sie dann auf einen oft geschnitzten hölzernen Untergrund zu kleben; dadurch erzielte man statt der früheren geometrischen Motive größere Leichtigkeit und mehr Bewegung, was ganz dem Geschmack des Barock entsprach. So wurde es möglich, nicht nur relativ kleine Gegenstände, sondern auch mehrstöckige Kästchen und – wie hier – Paneele herzustellen. Die *Eglomisé*-Technik unterstrich gleichermaßen die Durchlässigkeit und die Perfektion der Gemmen der verwen-

Pferd aus Bernstein aus den Werkstätten von Zarskoje Selo (Foto H. Maurer, Wien)

deten Bernsteinplatten. Dabei wird ein dünnes Blatt Gold- oder Silberpapier zwischen den Holzuntergrund und den Bernstein eingefügt, was die Transparenz der Verzierungen noch verstärkt. Friedrich Wilhelm von Brandenburg, der Große Kurfürst, der zu seiner Zeit eigenhändig Bernstein zu drechseln verstand, leistete durch seine prächtigen Geschenke selbst einen Beitrag zur Begeisterung für diese wertvollen Objekte und zu deren Verbreitung in Europa. Er nützte (und missbrauchte) sein Monopol des Abbaus von Bernstein (Bernsteinregal), das von seinem Vorfahren Albrecht von Brandenburg-Ansbach auf ihn gekommen war. Als letzter Hochmeister des Deutschen Ordens hatte dieser den Orden 1525 säkularisiert, Preußen zu einem Herzogtum erhoben und dort die Reformation eingeführt. Damit ging das Bernsteinregal, das dem Orden vorbehalten war, auf das Haus Hohenzollern über.

Friedrich III., Herzog und Kurfürst von Brandenburg, Sohn des Großen Kurfürsten, krönte sich selbst am 18. Januar 1701 unter dem Namen „Friedrich I., König *in* Preußen" (ein Gebiet, das außerhalb des Reiches lag), nachdem Polen auf seine Lehensherrlichkeit über dieses Herzogtum verzichtet hatte. Hauptstadt war Königsberg, Friedrich aber wollte das in Brandenburg gelegene Berlin (Sitz der Regierung war Potsdam) zur Schaubühne seines neuen Königreiches machen, dessen Prunk dem der Höfe von Frankreich und Dänemark nicht nachstehen sollte.

Als erster großer Bauherr aus der Dynastie der Hohenzollern umgab er sich mit bedeutenden Architekten, Bildhauern und Gartengestaltern, um die Gesandten jener Herrscher, die er im Hinblick auf künftige Bündnisse beeindrucken wollte, in seinen prächtigen Bauwerken würdig zu empfangen.

Bernsteinluster, ein Geschenk des Großen Kurfürsten von Brandenburg an den Dänenkönig Friedrich III. (De Danske Kongers kronologiske Samling, Schloss Rosenborg, Kopenhagen, Dänemark)

Für das Stadtschloss in Berlin entschied sich der Preuße nach Andreas Schlüter – der in der Folge in Russland arbeiten sollte – für den schwedischen Architekten Johann Friedrich Eosander von Göthe (von der Insel Gotland), den er nach Frankreich und Italien schickte, damit er sich mit der Kunst des feinsinnigen Lebens der dortigen Höfe vertraut machen sollte. Eosander erwies sich des in ihn gesetzten Vertrauens beim Umbau und der Innenausstattung von Schloss Lietzenburg würdig, jener prächtigen Residenz am Rande von Berlin, die zu Ehren von Charlotte von Braunschweig-Lüneburg, die 1684 den Herzog von Brandenburg Friedrich III. geheiratet hatte, in Charlottenburg umbenannt wurde.

Dem Beispiel des dänischen Hofes folgend und auf Empfehlung des Dänenkönigs Friedrich IV. beschloss Friedrich I. im April 1701, sich das Können des berühmten Bernsteinschneiders Gottfried Wolffram zu Nutze zu machen und ihn in seine Dienste aufzunehmen; nach seinem Abschied aus Kopenhagen ließ sich Wolffram in Königsberg nieder.

Friedrich beauftragte ihn mit der Anfertigung von zwölf Bernsteinpaneelen, die provisorisch in Charlottenburg angebracht wurden. Mei-

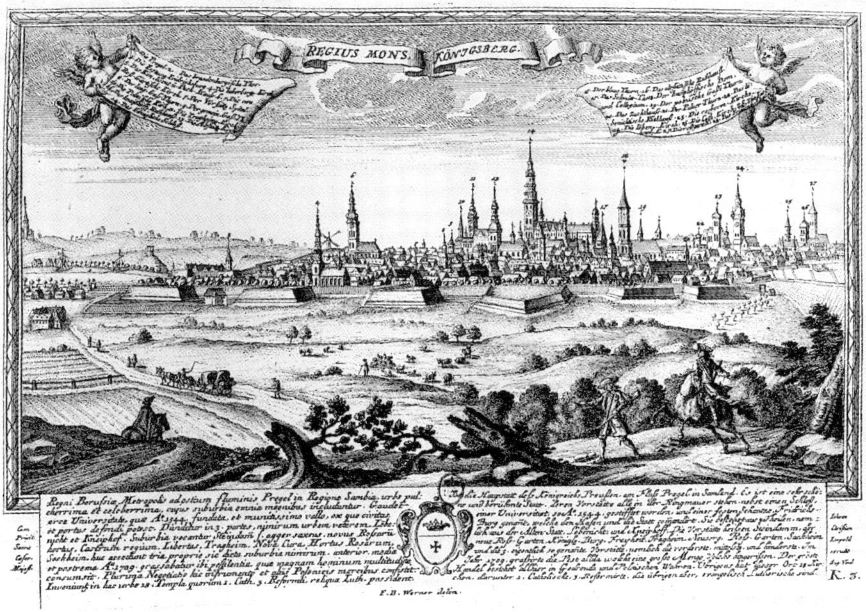

Königsberg im 18. Jahrhundert (Vc 340 fol, Bibliothèque Nationale, Paris)

nungsverschiedenheiten über die exorbitanten Kosten dieser Arbeit führten dazu, dass Wolffram dieser nicht genau definierte Auftrag entzogen wurde.

Im Januar 1707 beauftragte der Preußenkönig daher die beiden Danziger Bernsteindrechsler Ernst Schacht und Gottfried Turow (Thurau) mit der Fortführung der Arbeiten an diesen Tafeln, die 1711 fertig gestellt wurden.

Einige Zeit später wurden sie abgenommen und in ein Eckzimmer von „14 auf 16 Fuß" im dritten Stock des Berliner Stadtschlosses gebracht. Man stellte sie im rechten Winkel auf, während es auf den beiden anderen Seiten je ein Fenster gab; das Zimmer war ungefähr 20 Quadratmeter groß, bei einer Raumhöhe von 4,75 Metern.

Der Entwurf dieses Zimmers war wahrscheinlich nicht nur diesen beiden Meistern in der Kunst des Bernsteindrechselns und -ziselierens anvertraut worden, trotz ihrer Begabung und des zunehmenden Ruhmes der Danziger Künstler, während sich gleichzeitig die Zunft von Königsberg im Niedergang befand. Die Versandung des Hafens von Brügge, die Pest und die Kriege, vor allem aber die in Nordeuropa vorherrschende Reformation, die die Verwendung der ebenfalls berühmten Lübecker Rosenkränze einschränkte, hatten das Schicksal der im Mittelalter gegründeten Zünfte besiegelt. Diese beschränkten sich in Hinkunft auf die Erzeugung von Halsketten am laufenden Band. Aus ihren Reihen gingen nur mehr wenige herausragende Meister hervor, die sich die Höfe oder reichen Klöster untereinander streitig machten. Die beiden Künstler aus Danzig folgten zweifellos den Anweisungen Johann Friedrich Eosanders, der allein es vermochte, ein Gleichgewicht zwischen dem Gebäude des Schlosses und seiner Innenausstattung herzustellen. Leider ist keine detaillierte Beschreibung dieses Meisterwerkes erhalten geblieben, wie Alfred Rohde 1937 bedauerte, der als großer deutscher Fachmann für Bernsteinarbeiten galt und während des Zweiten Weltkriegs Direktor der Kunstsammlungen in Königsberg war. Er vertrat die Ansicht, dass einige Reliefs möglicherweise von Werken Andreas Schlüters beeinflusst waren. Wir wissen lediglich, dass die Tafeln zwischen Charlottenburg und dem Eckzimmer im Berliner Stadtschloss an vier Orten aufgestellt und wieder abgebaut worden waren. Und dass sich der Preußenherrscher gerne dorthin zurückzog, um seine Pfeife zu rauchen, daher auch der Name *Tabakkollegium* oder *Tabakkabinett.* Die erneut provisorische Aufstellung dauerte bis 1716, dem Zeitpunkt, als Zar Peter I. von Russland in Berlin zu Besuch weilte.

Man kann sich aber leicht vorstellen, dass dieser Vorläufer des Bernsteinzimmers, das man heute in Zarskoje Selo bewundern kann, aus mehreren Täfelungen mit barocken Verzierungen bestand, welche die Sonne und das Licht der Kandelaber je nach den unterschiedlichen Nuancen und Größen der zusammengefügten Bernsteinstücke in warmen Farben erstrahlen ließen.

Die *Grosse Gesandtschaft* von Peter I.

Die abenteuerliche Geschichte der von König Friedrich I. in Auftrag gegebenen Bernsteintafeln versetzt uns in die Übergangszeit vom 17. zum 18. Jahrhundert, in der die Karte Nordeuropas neu gezeichnet werden sollte. Durch wechselnde Bündnisse – oft durch vorteilhafte Heiraten –, aber auch infolge langer und blutiger Auseinandersetzungen verschoben sich die Grenzen entlang der Ostsee.

Die Welt begann vom aufsteigenden Stern Peter I. zu sprechen, dem Herrscher des Großherzogtums von Moskau, wie Russland bis zu Beginn des 18. Jahrhunderts hieß.

1682 wird er nach dem Tod seines Halbbruders Zar Fjodor III. im Alter von zehn Jahren gemeinsam mit seinem anderen älteren Halbbruder Iwan V. in Moskau gekrönt. Seine Halbschwester Sofia ist sieben Jahre lang Regentin; ihr wird im Mai 1682 von den Strelitzen, den ersten von Iwan dem Schrecklichen gegründeten Einheiten von Berufssoldaten, die Macht übertragen.

Die Grausamkeit des Strelitzenaufstandes im Juni 1682 sollte den jungen Peter so tief und bleibend prägen, dass er eine große Abneigung gegenüber Moskau entwickelte. Dies trug in der Folge zur Gründung von St. Petersburg bei, das Peter I. zu seiner Hauptstadt machen sollte.

Sofias Regentschaft lässt ihn nicht in Untätigkeit verfallen, im Gegenteil: Er lebt, fernab von den Intrigen des Hofes, mit seiner Mutter Natalja Naryschkin außerhalb von Moskau in Preobrashenskoje an der Iaouza, dem Lieblingsjagdschloss seines Vaters Alexej. Dort macht er sich mit dem Gebrauch von Waffen vertraut, „spielt Krieg“ mit seinen Kameraden, die den harten Kern seiner Freunde bilden und ihm in lebenslanger Treue verbunden bleiben sollten. Das Preobrashenski-Regiment blieb bis zum Fall des Reiches im Jahre 1917 das erste Regiment der kaiserlichen Garde, dessen Oberbefehl stets der Zar (oder die Zarin) persönlich innehatte.

Neben dem Landleben gilt dem Wasser seine ganze Leidenschaft. Er begeistert sich für Schiffe, die er vor allem in Perejaslawl (nahe des Plechtschewo-Sees und der Wolga) bauen lässt, wofür er 1691 zwanzig holländische Zimmerleute aus den berühmten Werften von Zaandam kommen lässt.
Denn Zar Peter I. ist schon damals weitblickend und hat große Ziele. Schon früh zeigt er militärisches Genie und erkennt, dass er für einen Angriff auf Schweden nicht nur eine mächtige Armee und eine moderne Flotte, sondern auch den Zugang zu einem Meer braucht, welches das ganze Jahr über befahren werden kann. Archangelsk, der einzige russische Seehafen, liegt im hohen Norden am Weißen Meer und ist während sechs langer Monate vom Eis eingeschlossen.
Der Zar ist wissbegierig und will alles über Westeuropa erfahren, demgegenüber er sein riesiges Reich öffnen möchte. Also beschließt er, mit einem Gefolge von 250 Leuten zu einer großen Reise aufzubrechen. Manche sollten ihn bis zu deren Ende begleiten, andere ließ er unterwegs zurück, damit sie verschiedene Handwerksberufe und Wissenschaften erlernten. Andere wiederum sollten Moskau in den strategisch wichtigsten Ländern vertreten.
Vom 20. März 1697 bis zum 4. September 1698 durchstreifte die *Große Gesandtschaft*, wie man sie nannte, einen Großteil Europas.
Peter reiste „inkognito“, um besser beobachten zu können; er arbeitete als Zimmermann, drechselte Elfenbein und Bernstein, lernte Zähne zu ziehen, unterhielt sich bei Gelagen mit seinen Freuden, amüsierte sich mit Zufallsbekanntschaften, ergötzte sich an Bällen oder Feuerwerken, die er so sehr liebte und die zu seinen Ehren an den Höfen der von ihm bereisten Länder abgefeuert wurden. Diskretion war angesichts seiner Größe schwierig, maß er doch 2,02 Meter!

Bleisoldat, der einen Strelitzen darstellt
(Foto H. Maurer, Wien).

Peter Michailow, Zimmermann – so die Identität und der Beruf, die der Zar für sich wählte – brach mit seinen Gefährten und einer nicht enden wollenden Zahl von Schlitten auf. In Moskau herrschte noch Winter und die Berge von Gepäck umfassten auch Nahrungsmittel für die ganze Truppe: Lachs und andere geräucherte Fische, Kaviar, eingelegte Gurken, Honig, Bier, Branntwein und Wodka, dem sie kräftig zusprachen. Dazu Kerzen, aber auch prächtige Gewänder für die offiziellen Empfänge der Gesandten. Er führte auch Edelsteine und seltene Zobel mit, als Geschenke, aber auch um sie unterwegs zu verkaufen, sollte das Geld nicht ausreichen.
Auf dem Weg nach Westen war das schwedische Livland ihre erste Station in einem fremden Land. Der Aufenthalt in Riga nahm einen ungünstigen Verlauf, zum Teil auch, weil das Inkognito des Zaren allzu gut gewahrt wurde; dieser sollte das nicht vergessen und es schließlich zum *casus belli* machen, als er sich zum Angriff auf Karl XII. von Schweden entschloss.
Das nächste Ziel war das Herzogtum Kurland mit seiner Hauptstadt Mitau. Dort wurde ihm ein prächtiger Empfang bereitet, erkannte man doch den Zimmermann, der keiner war. Dieser kleine Vasallenstaat des benachbarten Polen mit seinem Fürsten Friedrich Kasimir Kettler stellte Peter I. und seinem Gefolge ein Schiff zur Verfügung, um über das Meer in die preußische Hauptstadt Königsberg überzusetzen. Dieses reiche Herzogtum, ein Lehen der Hohenzollern, stand unter der Herrschaft Friedrichs III. von Brandenburg. Der wiederum hoffte, dass sich der Zar eingedenk des Empfanges, den man ihm bereitete, beim deutschen Kaiser Leopold I. für seine Krönung zum König verwenden würde. Sein Expansionsdrang entlang der Ostseeküste westlich der Oder wurde außerdem durch Westpommern und die reichen Hansestädte Stettin und Stralsund mit der Insel Rügen gebremst, die seit Ende des Dreißigjährigen Krieges zu Schweden gehörten.
Wie es den damaligen Gepflogenheiten entsprach, las der Herzog, der sich mit einem kultivierten Hofstaat umgab, seinem hohen Gast und dessen Gefolge jeden Wunsch von den Augen ab. Peter Michailow –

Die Fregatte „Pieter en Paul", die Nicolas Witsen, Bürgermeister von Amsterdam, Peter I. am Ende der Großen Gesandtschaft *im Jahre 1698 schenkte* (Nederlands Scheepvaartmuseum Amsterdam, Niederlande).

inkognito verpflichtet! – nahm sich auch die Zeit, die für die damaligen Verhältnisse bemerkenswerten Truppen des Preußen zu bewundern. Er beschäftigte sich eingehend mit der Ballistik und erwarb sogar ein Artillerie-Patent.

Im Sommer dieses Jahres 1697 setzte er seine Reise über die Herzogtümer Brandenburg und Hannover weiter in die Vereinigten Niederlande fort, seinem eigentlichen Ziel.

Dabei ließ er Frankreich links liegen! Ende des 17. Jahrhunderts war Frankreich neben Schweden im Norden und Spanien im Süden, das immer noch unter der Herrschaft des letzten spanischen Habsburgers Karl II. stand, das mächtigste Land Europas. Sein glanzvoller Mittelpunkt war der von allen bewunderte Ludwig XIV. mit seinem viel

beneideten Hof von Versailles, dessen Glanz nachzueifern man allseits bemüht war.
Doch Frankreich war ein Verbündeter des Osmanischen Reiches, mit dem Russland zumindest bis 1712 noch im Widerstreit stand. Dann passierte auch noch dieser ärgerliche Vorfall mit der von Fürst Jakob Dolgoruki im Jahre 1687 angeführten russischen Gesandtschaft, welche die Regentin Sofia nach Versailles entsandt hatte und die in einer solchen Katastrophe mündete, dass der Sonnenkönig sogar die Geschenke nach Moskau zurückschickte!
Peter I. verschwendete nicht einmal einen Gedanken daran, Ludwig XIV. einen Besuch abzustatten.

Das Haus von Peter I. in Zaandam, während er den Bau von Kriegsschiffen erlernte (Zaans Museum, Sammlung Czaar Peterhuisje, Zaandam, Niederlande).

Schlachten und Diplomatie

Mit dem Nordischen Krieg verschafft sich Peter I. ein stürmisches Entrée ins 18. Jahrhundert und in die erlesene Gruppe der „Großen". Er hatte die Aufmerksamkeit schon auf sich gelenkt, als er im Kampf gegen die Krimtataren und deren Souverän, den Sultan des Osmanischen Reiches, Azow (im Sommer 1696) eingenommen und damit die Mündungen von Don, Dnjestr und Dnjpr für sich in Anspruch genommen hatte.

Nun aber beschließt er, vom fernen Süden abzulassen und sich dem Baltikum zuzuwenden. Schweden mit seinem jungen König Karl XII. herrscht über Nordeuropa und diesen Feind gilt es zu schlagen, will Peter seine expansionistischen Träume wahr machen.

Schon 1701 erobert Peter I. die schwedische Provinz Ingermanland an der Mündung der Newa, was ihm erlaubt, ab 1703 im Eiltempo das prächtige St. Petersburg zu errichten und es 1713 an der Stelle Moskaus, dieser verhassten, ränkesüchtigen, noch im Mittelalter verharrenden Stadt, zur Hauptstadt Russlands zu erheben.

Auch für sein Privatleben ist 1703 ein äußerst wichtiges Jahr. Sein unzertrennlicher Freund Alexander Menschikow stellt ihm eine livländische Dienerin, Adoptivkind eines Pastors, vor – Marta Skawronskaja, die künftige Katharina I. Sie folgt Peter auf die Schlachtfelder und bringt zwischen 1704 und 1724 zwölf Kinder zur Welt. Nur zwei Mädchen sollten überleben: Anna, die Mutter von Peter III. (der spätere Gemahl von Katharina II.) und die künftige Zarin Elisabeth.

Marta, die sich nach ihrer Bekehrung zur Orthodoxie Katharina nannte, ist eine großzügige Frau. Sie wird zum Ruhepunkt in Peters stürmischem und leidenschaftlichem Leben. Sie allein kann ihm die Krampfzustände vertreiben, die ihn seit seiner Jugend nach dem Schock des Strelitzen-Aufstands plagen und die seine Gesprächspartner immer wieder überraschen. Zusätzlich leidet er an urologischen

Karte von Ingermanland (Eesti Rahvusraamatukogu [Nationalbibliothek] Tallinn, Estland)

Problemen. Angeblich soll ihm ein preußischer Arzt sogar ein Präparat auf Bernsteinbasis verschrieben haben, das seine Schmerzen deutlich linderte; auch die Thermalkuren, denen er sich unterzog, reinigten seinen vom ungeregelten und anstrengenden Leben erschöpften großen Körper.

Um den Nordischen Krieg zu einem guten Abschluss zu bringen, muss Peter I. nach der entscheidenden Wende in der Schlacht von Poltawa 1709 seine Bündnisse festigen. Der geschlagene Karl XII. flüchtet zum Sultan, der ihn bis 1714 gefangen hält.

Ein wichtiger Meilenstein im Jahr 1711 ist die Hochzeit von Peters Sohn Alexej aus seiner ersten Ehe mit Charlotte Prinzessin von Braunschweig-Wolfenbüttel aus dem jüngeren Zweig des Hauses Hannover. Eine verarmte, aber „wohlgeborene“ Prinzessin vermählt sich mit dem Sohn des zwanzig Jahre zuvor noch unbekannten Zaren, der gerade das allmächtige Schweden besiegt und dessen

König ins Exil geschickt hat. Welch ein diplomatischer Erfolg! Von da an sollte das historische Schicksal Russlands bis zum beginnenden 20. Jahrhundert immer mit dem deutscher Fürstentümer verbunden sein.
Wilhelmine Friederike, Tochter von Friedrich Wilhelm von Brandenburg und künftige Markgräfin von Bayreuth, führt uns in ihren unterhaltsamen *Mémoires* in diese mäandrierenden Verwandtschaftsverhältnisse ein und liefert uns nachträglich eine wenig schmeichelhafte Schilderung jenes Zarenbesuchs.

Peter I., bei der Planung von St. Petersburg (Ob 120 t2, Bibliothèque Nationale, Paris).

Die Hochzeit von Alexej und Charlotte ist glanzlos, Peter I. nimmt sie aber zum Anlass für eine Kur in Karlsbad. Im Vorübergehen schlägt er die Schweden mit Hilfe von Dänemark, Preußen, dem Herzogtum Hannover, Sachsen und Polen. Im Herbst 1712 reist er über Berlin und stattet Friedrich I. einen Besuch ab. Dieser lässt ihn voll Stolz sein *Tabakkabinett* mit Bernsteineinlegearbeiten bewundern. Peter I., selbst ein Bernstein-Liebhaber und -Drechsler, wird sich zu gegebener Zeit daran erinnern.

Das diplomatische Geschenk

Nach dem Tod Friedrichs I. im Jahr 1713 ändern sich die Zeiten am preußischen Hof. Nachfolger ist sein Sohn Friedrich Wilhelm, der Soldatenkönig. Wie schon sein Beiname andeutet, ist ihm die militärische Stärke Preußens ein wichtiges Anliegen. Die künstlerischen Interessen seines Vaters und sein Prunk hatten die Staatsfinanzen ruiniert: Allein die Krönung Friedrichs I. hatte 6 Millionen Taler gekostet!

Der neue König ist äußerst sparsam. Zunächst schränkt er die Ausgaben des Hofes ein und lässt sogar das väterliche Silber einschmelzen und den Krönungsmantel versteigern! „Sein übergebührliches Interesse am Geld hat ihm die Bezeichnung Geizhals eingetragen", schreibt seine Tochter Wilhelmine Friederike unverblümt. Mit diesem Zeugnis aus erster Hand über den Alltag am preußischen Hof entwirft sie uns das detaillierte Bild eines Mannes mit Charakter: „Sein Temperament ist lebhaft und aufbrausend und hat ihn oft zu Gewalttätigkeiten getrieben, die er dann bitter bereut hat [...], sein Genius ist groß und fähig zu den größten Taten." Und schließlich: „Er hat immer eine entschiedene Neigung für das Militär gezeigt; dies ist seine beherrschende Leidenschaft", und ganz besonders sein „Regiment der Langen Kerle", „Kolosse von 6 Fuß" (mindestens 1,80 m). „Alle Herrscher Europas beeilten sich, ihm diese zuzuführen. Man konnte dieses Regiment den Kanal der Gnaden nennen, denn es genügte, dem König große Männer zu schenken oder zu beschaffen, um alles zu erreichen, was man wollte."

Im Gegensatz zu Königin Sophie Dorothea, der Tochter des englischen Königs Georg I., die an den Prunk des Hannoveranischen Hofes gewöhnt war, bevorzugte Friedrich Wilhelm die Schlichtheit, sowohl bei der minimalen Ausschmückung des Berliner Schlosses nach dem Verkauf von allem „Überflüssigem", wie Behängen, Möbeln und Teppichen, als auch bei den Prunkgewändern, die er dem Hof in

Versailles überließ. Alle Geldeinnahmen flossen in die Ausstattung seiner Armee. In Peter I. fand er einen idealen Gesprächspartner.
Die völlig unerwartete Rückkehr Karls XII. nach Schweden 1714 – in einem Ritt von sechs Tagen und sechs Nächten –, der nach Beendigung des Krieges zwischen Russland und der Türkei mit dem Frieden von Adrianopel freigelassen worden war, stellte den Zaren vor die Notwendigkeit, sich mit dem Baltikum zu befassen, wobei er sich diesmal einer freundlicheren Waffe bediente: Er verheiratete seine Nichte Katharina Iwanowna mit Karl Leopold, dem Herzog von Mecklenburg-Schwerin. Dieses kleine, zwischen Pommern, Brandenburg und Holstein gelegene Herzogtum im Norden Deutschlands brachte ihn in verwandtschaftliche Beziehung zu den Hohenzollern, war doch die dritte Frau Friedrichs I. von Preußen die Schwester des Bräutigams.
Diese Verbindung bot auch eine gute Gelegenheit, wieder in den Westen zu reisen, nicht nur um seinen dänischen und preußischen Verbündeten einen Besuch abzustatten, sondern auch um mit ihnen gegen Schweden Krieg zu führen.
Im Februar 1716 verlässt Peter I. St. Petersburg mit einem beeindruckenden Gefolge, unter anderem mit treuen hohen Würdenträgern, dem Dolmetscher und Vizekanzler Peter Schafirow und Peter Tolstoi, der nach seiner langen Haft in Konstantinopel zurückgekehrt war, wo er vor dem Konflikt mit der Hohen Pforte Botschafter gewesen war. Auch Katharina, die Peter 1712 geheiratet hatte – nachdem er seine erste Frau Eudoxia Lapuchin in ein Kloster geschickt hatte, wo diese bis zu ihrem Tod im Jahr 1731 blieb –, begleitet ihn, unentbehrlich, da sie alleine seine Nervenkrisen zu besänftigen versteht; weiters sein Lieblingspage, der Maure Hannibal, und der Hofnarr, der Zwerg Lewon Uskow. Die Hochzeit fand im April im damals unter polnischer Herrschaft stehenden Danzig an der Mündung der Weichsel statt. Ihr wohnte natürlich auch König August II. der Starke bei, Kurfürst von Sachsen und ebenfalls Verbündeter Russlands, mit dessen Hilfe er 1710 seinen Thron wiedererlangt hatte. Unterdessen kämpften die russischen Galeeren in der Ostsee gegen Schweden. Als

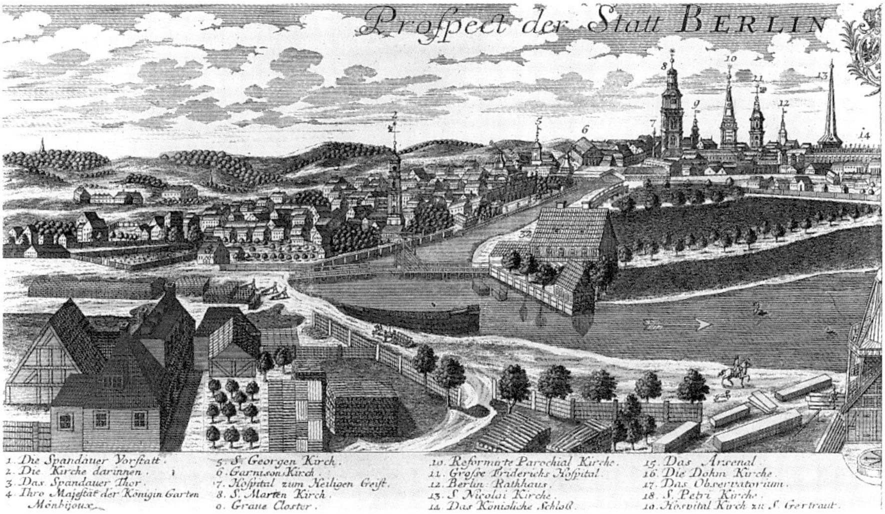

Berlin im 18. Jahrhundert (Vc 242 fol., Bibliothèque Nationale, Paris)

Sieger konnte Peter I. über die alte Hansestadt Wismar verfügen und sie dem jungvermählten Karl Leopold überlassen, dem er sie als Mitgift für seine Nichte versprochen hatte.

Im weiteren Verlauf des Jahres macht der Zar zwischen zwei Schlachten im schon damals für sein Heilwasser bekannten Hannoverschen Bad Pyrmont eine Kur, bevor er sich mit dem jungen Paar aus Mecklenburg auf Besuch nach Berlin begibt.

Man kennt die Vorliebe des Zaren für das Landleben und Königin Sophie Dorothea stimmt, um ihrem königlichen Gemahl entgegenzukommen, zu, dass die Russen in *Mon Bijou*, ihrem bevorzugten Lusthaus nahe der Stadt, untergebracht werden, wo das russische Paar auf dem Wasserweg von Berlin eintrifft.

Katharina hatte ein Gefolge von „400 so genannten Damen“, erinnert sich Wilhelmine (1716 war sie erst sieben Jahre alt) später wenig schmeichelhaft in ihrer Beschreibung der Durchreise „dieser russischen Herrschaften“, die eher einem Wirbelsturm als dem Besuch eines königlichen Gefolges glich. „Die Zarin war klein und gedrungen, sehr gebräunt, unansehnlich und ungraziös. Man brauchte sie nur anzusehen, um ihre niedrige Herkunft zu erraten. Man hätte sie ihrem Aufzug nach für eine deutsche Komödiantin gehalten. [...] die Vorderseite ihres Rockes mit Steinen besetzt. Diese bildeten ein seltsames Muster: einen großen Doppeladler, dessen Federn mit kleinsten und schlecht gefassten Diamantensplittern besetzt waren. Sie trug ein halbes Dutzend Orden und ebenso viele Heiligenbilder und Reliquien, die längs der Verzierungen ihres Kleides so angebracht waren, dass man ein Maultier kommen zu hören glaubte, wenn sie sich bewegte."

Vielleicht weil Wilhelmine von ihrem Vater, der sich einen Sohn als Erstgeborenen gewünscht hätte, so schlecht behandelt worden war, ist sie besonders gerührt, dass sich der Zar noch daran erinnert, dass er sie 1712 auf seinen Knien hatte reiten lassen. Nur er findet Gnade vor ihren Augen: „Der Zar hingegen war sehr groß und ziemlich gut gewachsen, sein Gesicht war schön, aber der Ausdruck hatte etwas Raues und Furchteinflößendes. Er trug eine Art Matrosenanzug ohne jegliche Tressen", fährt sie fort.

Friedrich Wilhelm I., dem die Einfachheit seines Gastes und dessen Gefolges gefällt, empfängt ihn in seinem Stadtschloss. Die beiden Herrscher ziehen sich in ein Rauchzimmer des Schlosses zurück und der Zar zieht seine Sammlung holländischer Pfeifen hervor und bietet Tokajer an, den er sehr schätzt und daher immer mit sich führt. Und da erinnert der Zar den König daran, dass dessen Vater Friedrich I. ihm bei seinem ersten Besuch in Berlin etwas gezeigt hatte, das für ihn der Inbegriff eines Wunders war, das *Tabakkabinett* mit den Bernsteineinlagen, den Ecksalon im dritten Stockwerk des Schlosses ... In diesem Raum, in dem die Sonnenstrahlen die tausend Facetten der zwölf Bernsteintafeln in einem sanften Licht erstrahlen lassen, wird das Schicksal des (schwedischen) Westpommern gegen das künftige Bernsteinzimmer in Zarskoje Selo ausgespielt.

Der Soldatenkönig wollte den Zar überzeugen, diese Provinz, die durch den schrecklichen Dreißigjährigen Krieg 1648 an Schweden gefallen war, zurückzugewinnen. Mit Stettin (an der Mündung der Oder, eines der größten Flüsse im Norden), Stralsund und Rostock,

alten blühenden Hansestädten und unverzichtbaren Handelszentren, war sie strategisch sehr günstig gelegen.
Angesichts der Begeisterung Peters I. machte Friedrich Wilhelm I. ihm das Wunder, das sich ihren Augen darbot, zum Geschenk. Als Kunstliebhaber und gelegentlicher Bernsteindrechsler bewunderte Peter I. die außerordentliche Schönheit der Arbeit von neuem und nahm das prächtige Geschenk an, im Gegenzug bot er dem Preußen sein Bündnis und seine militärische Unterstützung für die Wiedergewinnung des verlorenen Pommern.

Friedrich Wilhelm I., Gemälde von Johann Harper, um 1722

Neben anderen Schätzen seines Vaters, die er noch nicht geopfert hatte, fügte der König, wie Wilhelmine weiter berichtet, ein „Münzkabinett" und „eine Sammlung antiker Statuen" hinzu, mit denen Peter gern den Sommergarten seiner neuen (seit 1713) Hauptstadt St. Petersburg schmücken wollte oder für Zarskoje Selo, seinen damals bereits existierenden Landsitz.
Auch von den sich unter seinen Augen im Schlosspark abspielenden Manövern ist der Zar hingerissen. Und der König ist sehr zufrieden, einem Kenner seine Armee, insbesondere das Defilee seiner berühmten Garde der „Langen Kerle", in Ehrenformation vorzuführen.

Die Reise

Den Rest des Jahres 1716 verbringt der Zar fern von St. Petersburg; er nützt die Zeit, um auf der Ostsee mit seinen Verbündeten Krieg gegen Schweden zu führen, sein königliches Geschenk aber vergisst er keineswegs. Wilhelmine bedauert in ihren *Mémoires* den Transport nach Russland, denn „dies war einzig in seiner Art [und] hatte den König Friedrich I. Unsummen gekostet" (30.000 Taler).

Die Biografen Peters I., Bewunderer wie Verleumder, erwähnen seine Sammlungen kaum. Seine Agenten in Frankreich, Den Haag oder Venedig aber suchten für ihn Kunstwerke zur Ausschmückung der Paläste seiner neuen Hauptstadt St. Petersburg, die nur nach dem Willen des Fürsten und erstmals in „Stein" ab 1703 im Eiltempo aus dem Boden gestampft wurde. Wie Friedrich I. für Berlin, hatte auch Peter I. Architekten, Ingenieure und Gartengestalter aus ganz Europa kommen lassen.

Warum Friedrich Wilhelm I. den Winter für den heiklen Transport der Bernsteintäfelungen abgewartet hat, wissen wir nicht. Es ist lediglich bekannt, dass er aus Königsberg Fachleute kommen lassen musste, um die wertvollen Bernsteinpaneele abzunehmen.

Im Russischen Staatssarchiv für alte Urkunden (RGADA) gibt uns eine Korrespondenz von unschätzbarem Wert im Zusammenhang mit Peter I. detaillierten Aufschluss über den schwierigen Transport der wertvollen Bernsteintafeln. So sind dort auch drei handschriftliche Briefe erhalten.

Der erste, datiert vom 29. Dezember, stammt von Alexander Golowkin, dem ständigen Vertreter des Zaren in Berlin, und ist direkt an den Zaren gerichtet: „Vor drei Tagen hat mir der König [Friedrich Wilhelm I.] mitgeteilt, dass er Herrn von Printsen beauftragt hat, es einzupacken und mit einem Offizier zu schicken. Seine Majestät fordert Ihre Majestät auf, jemanden nach Memel zum Empfang des Kabinetts zu senden, weil es dort keine Möglichkeit der Unterbringung gibt. Ich habe Herrn von Printsen ersucht, das Kabinett einige Zeit in Verwahrung zu nehmen, damit Euer Befehl bezüglich des Empfangs des Kabinetts rechtzeitig in Memel ankommt."

Es war aber nicht damit getan, dass der König den Abtransport beschloss und der Zar den Empfang regelte. Zunächst musste das Kabinett abmontiert werden. Diese Arbeit war heikel. Obwohl das Kunstwerk gar nicht alt war, waren doch schon so manche kleine Bernsteinplättchen beschädigt und mussten – bedingt durch die Zerbrechlichkeit des Materials – mit Vorsicht behandelt werden, um dann wieder angeklebt zu werden. Zudem mussten auch die größeren Motive, welche die Säulenplatten und Friese bildeten, abgenommen werden.

Der geizige Friedrich Wilhelm hatte sich übrigens auch über die unvorhergesehenen Kosten beklagt, die durch diese Arbeit, die Löhne sowie die Verpflegung und Unterbringung der Königsberger Künstler entstanden. Bedauerte er vielleicht auch, wie seine Tochter, dieses großzügige Geschenk an den Zaren?

Gleichzeitig mussten riesige Kisten vorbereitet werden, um die zwölf von den Wänden abgenommenen und verpackten Paneele aufzunehmen. Man verwendete auch Flanell- und Baumwolldecken sowie Eiderdaunen und bettete die unersetzlichen Stücke zur Abfederung von Stößen auf ihrer langen Reise nach St. Petersburg auf eine Schicht Sägespäne.

Am 29. Januar 1717 endlich konnte Alexander Golowkin dem allgegenwärtigen Sekretär des Zaren, Alexej Makarow, schreiben, dass die aus 18 Fuhrwerken bestehende Sendung unter Begleitung eines preußischen Schirrmeisters Berlin verlassen hatte. Auf eigene Initiative hatte er dem Tross einen Dolmetscher, „mächtig der russischen und deutschen Sprache", mitgegeben. Man musste die Leute warm kleiden, denn der Winter war hart und „Seine Königliche Majestät" hatte weder die entsprechende Ausrüstung noch Verpflegung vorgesehen. Graf Golowkin schätzte optimistisch, dass die Reise sechs Wochen dauern würde! Bis Memel waren es „100 Meilen", da sie nicht »auf geradem Wege, sondern durch Königliche Besitzungen, gleichsam auf Umwegen, reisen« mussten. Der König hatte auch „drei Pferde" vorgesehen. Tatsächlich waren es sechs. Das alles für „37 Taler". Abgesehen von „Wachstuch zur Abdeckung der Kisten, damit sie nicht vom Regen durchnässt werden. Diese Waren wurden für 52 Taler gekauft." Kurzum, Golowkin forderte „163 Taler" vom Sekretär des Zaren und fügte hinzu, „daß das erwähnte Zimmer von vielen geschickten Menschen verpackt wurde, die viel Zeit und Mühe darauf verwandt haben, wofür sie von Seiner Majestät, dem Zaren, eine Belohnung erhoffen. Und ich glaube, daß jenen Leuten mindestens 100 Dukaten zu zahlen sind".

Die Antwort auf diese Forderungen lässt auf sich warten, denn uns liegt ein weiterer Brief von Alexander Golowkin vom 8. Februar an den noch immer getreuen Sekretär Peters I. vor, in dem er an die vorgestreckten Ausgaben erinnert. Außerdem „wurde das Wachstuch

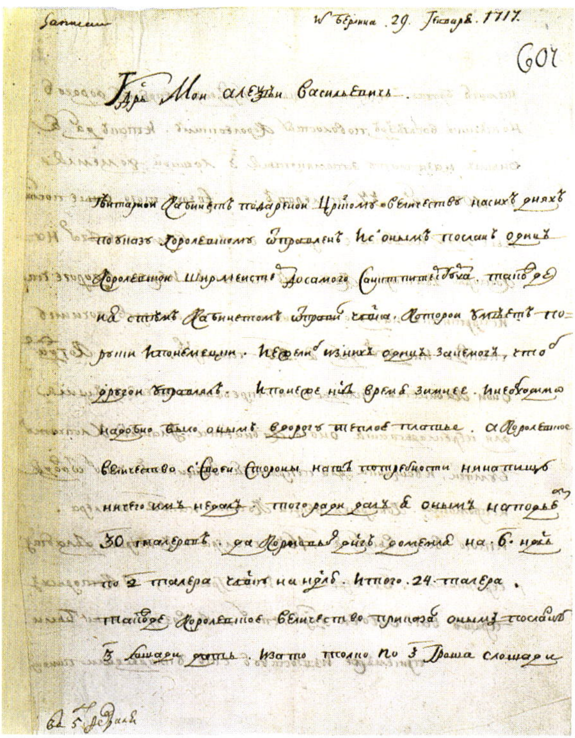

Beginn und Ende des Briefes von Alexander Golowkin an Peter I. hinsichtlich der Reise der Bernsteinpaneele von Berlin nach St. Petersburg (RGADA, f. 9, otd. II, d. 31, Moskau, Russland)

zerrissen und musste durch Lederabdeckungen ersetzt werden", ganz abgesehen davon, dass „die Achsen und Räder der Telegen [vierrädrige Fuhrwerke] aufgrund des schlechten Straßenzustands gebrochen sind". Der Bevollmächtigte verlangte einen weiteren Zuschuss für die zusätzlichen Kosten. Wir wissen nicht, ob er die Spesen tatsächlich rückerstattet bekam, sehr wohl bekannt hingegen ist, dass General Karl von Biron, der Vater des künftigen Herzogs Ernst Johann von Kurland und Kommandant der Festung Memel an der nördlichen Grenze der preußischen Staaten, den König am 2. Mai 1717 benachrichtigte, dass die 108 Pferde wohlbehalten mit ihrer in gutem Zustand befindlichen Ladung angekommen seien und bei den drei Relaisstationen ausgewechselt worden waren.
Entlang der wunderschönen Ostseeküste führte die nächste Etappe

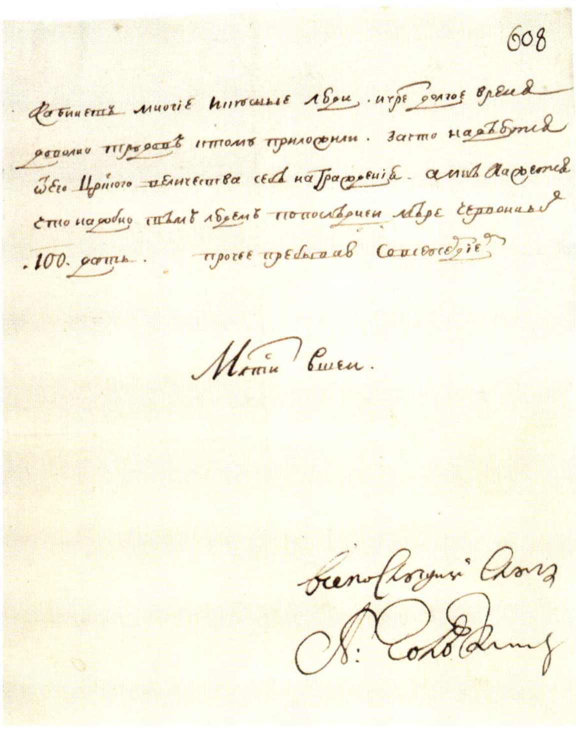
608

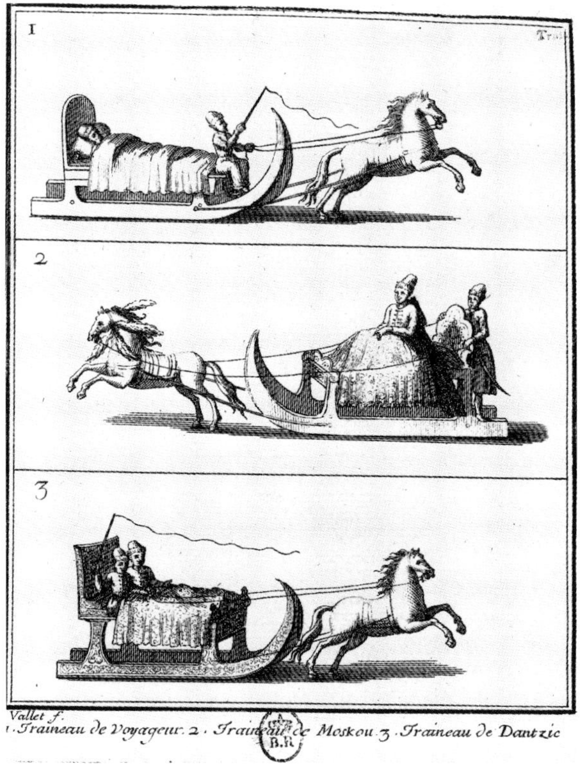

Nordeuropäische Schlitten im 18. Jahrhundert. (Ob 120 fol, Bibliothèque Nationale, Paris)

Gegenüber: Die Befestigungsanlagen von Riga im 17. Jahrhundert (VRVM 33146, Rigas Vestures un Kugniecibas Muzejs [Marinemuseum], Riga, Lettland)

zur Grenze mit dem Herzogtum Kurland, das seit dem Besuch des Zaren 1697 anlässlich der *Großen Gesandtschaft* in den Niederlanden gute Nachbarschaft mit Russland pflog; vor allem aber lebte dort Peters Nichte, die künftige Kaiserin Anna Iwanowna. Wir werden noch sehen, welche Rolle sie während ihrer Herrschaft für das Schicksal des künftigen Bernsteinzimmers haben sollte.
Und wieder muss der Zug organisiert werden, jedes der 18 Fuhrwerke wird von sechs Pferden gezogen und zusätzlich „von einem Unteroffizier und mehreren Dragonern" begleitet, die nun den Relaisschutz übernehmen. Graf Peter Bestushew-Rjumin, kümmert sich um all das. Schon während des Aufenthalts in den Niederlanden im Januar 1717 hatte er von Peter I. persönlich den Befehl dazu erhalten. Ohne zu wis-

sen, ob die Ladung noch mitten im Winter ihr Ziel erreichen würde, war es schwierig, vorauszuplanen; für den Winter müsste man Schlitten vorsehen, die doppelt so rasch wie eine Telega im Sommer vorankämen und nur ein Viertel kosteten, wie man damals sagte! Oder man machte sich erst nach dem Eisgang im Frühjahr mit „kurländischen" Fuhrwerken auf den Weg, die für den Morast der damaligen Karrenwege geeignet waren.
Jedenfalls wurde alles dadurch erleichtert, dass Peter I. 1710 das schwedische Livland mit Riga erobert hatte. Auf der Strecke gab es alle 25 km kleine Herbergen, wo Reisende und Pferde anhalten und sich erfrischen konnten. Dann kam Reval und schließlich gelangte der lange Zug mit seiner wertvollen Ladung an die Ufer der Newa.

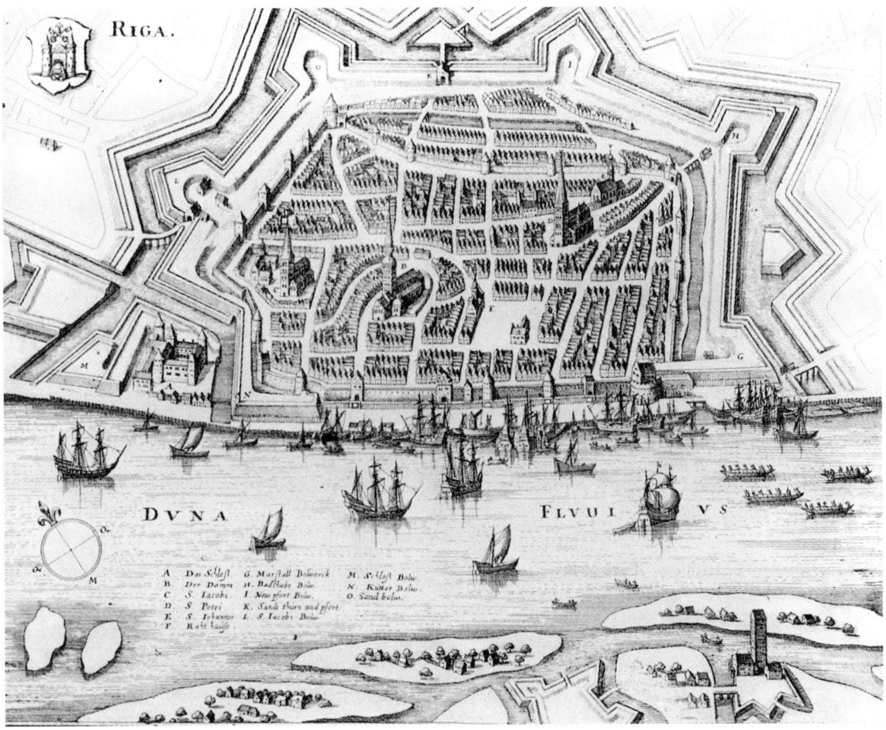

Peter Alexouvitz, Zar oder Großherzog von Moskau. Volkstümliche Radierung, anlässlich der Reise Peters I. nach Paris 1717 gedruckt. (N², Bibliothèque Nationale, Paris)

In jenem Monat Mai des Jahres 1717 war unser unermüdlicher Zar endlich in Paris!
Ludwig XIV. war 1715 nach einer außergewöhnlich langen Regierungszeit von 72 Jahren gestorben. Sein Urenkel Ludwig XV. war damals fünf Jahre alt und Philipp von Orléans, der Neffe des Sonnenkönigs und Sohn von Prinzessin Elisabeth Charlotte von Wittelsbach, genannt Liselotte von der Pfalz oder „Madame Palatine", hatte als Regent die Macht übernommen.
Für Peter I. war es nun an der Zeit, jenes Land zu besuchen, das damals neben Spanien und Österreich das politische und kulturelle Zentrum war, dem der Rest Europas nacheiferte.
Ohne hier näher auf den langen Aufenthalt des Zaren in Paris eingehen zu wollen, der im Übrigen bis ins kleinste Detail vom Herzog von Saint-Simon in seinen *Mémoires* geschildert wird, muss man doch betonen, dass die Ankunft einer solch exotischen Persönlichkeit in Frankreich große Neugier hervorrief. Sein (guter wie schlechter) Ruf war ihm vorausgeeilt. In den Straßen von Paris zirkulierte eine Flugschrift, die ihn gemeinsam mit Katharina in höfischen Gewändern zeigte, die er wahrscheinlich nie getragen hat, und in der kurz das Herzogtum Moskau beschrieben wurde.
Das Datum seiner Ankunft in der Hauptstadt wird vorsichtigerweise nicht erwähnt, kalkulierte man doch seine unsteten Pläne und die unvorhersehbaren Straßenverhältnisse zur damaligen Zeit mit ein. Ein weiteres amüsantes Detail: Er kam ohne seine Gemahlin, da Katharina in Rotterdam durch eine bevorstehende Niederkunft zurückgehalten wurde. Peter I. blieb von 9. Mai bis 20. Juni 1717 in Paris.
Er, der auf alles neugierig war, der alles sehen und vor allem nicht zu viele protokollarische Pflichten absolvieren wollte, trat lieber in direkten Kontakt mit den Parisern, mit Künstlern (er besuchte die *Gobelins*-Manufaktur) oder Wissenschaftlern. Sein Besuch in der Akademie der Wissenschaften trug ihm später, wenn auch posthum, die Ernennung zum Mitglied ein. In Frankreich reiste er auf dieselbe Weise, wie er es 25 Jahre zuvor bei der *Großen Gesandtschaft* so gern getan hatte.

Vor Zarskoje Selo

Nach diesem kurzen Blick auf die Ereignisse in Frankreich wenden wir uns wieder St. Petersburg zu, wo das herrliche Bernsteinzimmer nach einer endlosen Reise von vier Monaten endlich an seinem Bestimmungsort angekommen war.

Von Berlin der Ostseeküste entlang über Danzig, Königsberg, Memel, Kurland mit Riga, Reval, mussten die Begleiter unter Aufsicht eines Schirrmeisters mit schlechten Straßen, Achsbrüchen und anderen Vorfällen fertig werden, ganz abgesehen von den Härten des Winters im Norden Europas zu Beginn der Reise.

Man muss sich in das Jahr 1717 zurückversetzen und sich vorstellen, dass die Kais an der Newa wie auch die ganze übrige Stadt noch eine riesige Baustelle waren und dass der Winterpalast noch nicht jener großartige Bau war, der sich unseren Augen heute bietet, mit seiner wassergrünen Fassade, die sich mit dem Weiß der Pilaster und der Fenstereinfassungen abwechselt in einem Farbenspiel, das an die Wellen der Newa erinnert.

Seinem engsten Freund, dem jüngst geadelten Fürsten Alexander Menschikow, der für seinen Erfolg bei der Schlacht von Poltawa 1709 (die einen entscheidenden Wendepunkt im Nordischen Krieg gegen Karl XII. von Schweden bedeutete) vom Zaren mit dem Posten des Generalgouverneurs von St. Petersburg belohnt worden war, machte er außerdem die große Wassiliewski-Insel gegenüber der Admiralität zum Geschenk. Dort ließ Menschikow umgehend einen großartigen Palast errichten und gab prunkvolle Empfänge, denen der Herrscher beiwohnte, wenn ihm der Sinn danach stand und er in der Hauptstadt weilte.

Als die wertvolle Fracht Anfang des Sommers 1717 in St. Petersburg eintraf, befand sich Peter I. noch in Westeuropa, daher nahm sie sein treuer Freund entgegen.

Die 18 mit den zwölf sorgfältig zerlegten und verpackten Bern-

Der Hafen von Riga im 17. Jahrhundert (VRUM 53844, Rigas Vestures un Kugniecibas Muzejs [Marinemuseum], Riga, Lettland)

steinpaneelen beladenen und von einer bewaffneten Eskorte begleiteten Kisten wurden im Sommerpalast zwischengelagert, wo der Zar gern wohnte. Es musste zunächst ein Ort gefunden und hergerichtet werden, wo die 4,75 Meter hohen Paneele des Bernsteinzimmers zur Geltung kommen würden. Überdies mussten auf Bernstein spezialisierte Fachleute und Schreiner für die Errichtung der Holzrahmen

Reval. Blick vom Haus des Oberst Magnus Steinbock (Vc 340 fol, Bibliothèque Nationale, Paris)

verpflichtet werden, bevor die Tafeln an die Wand montiert werden konnten, damit sich Peter I. endlich am prächtig schimmernden Geschenk König Friedrich Wilhelms I. erfreuen konnte.
Offensichtlich wurde daraus nichts, die Paneele blieben im Zwischenlager und warteten auf bessere Zeiten.
Das Ende der Herrschaft des Zaren ist nämlich von Tragik überschattet, vor allem durch den Verrat seines Sohnes Alexej und dessen Tod, aber auch von Ruhm erhellt durch den endgültigen Sieg Russlands über Karl XII. von Schweden und das Ende des grausamen Nordischen Krieges.
1721 werden die Grenzen in Nordeuropa im Frieden von Nystad neu gezogen, sodass Russland zur absoluten Großmacht im Baltikum wird. In diesem Jahr wird Peter I. zum „Zaren aller Reußen".

Nach Peters Tod, der in Hinkunft den Beinamen der Große erhielt, regiert ab 1725 seine Gefährtin in guten wie schlechten Zeiten, die

heiß geliebte Katharina, die er 1724 zur Kaiserin gekrönt hatte. 1727 verstirbt Katharina I. ihrerseits. Peter II., der Sohn des unglücklichen Alexej, besteigt nach dem Beschluss des von Peter I. geschaffenen Geheimen Hohen Rates den Thron. Nach dem kurzen Interregnum des Enkels Peters des Großen, der Anfang 1730 plötzlich durch die Pocken hinweggerafft wurde, nimmt wieder eine Frau die Zügel dieses riesigen Reiches in die Hand – Anna Iwanowna, die man für leicht manipulierbar hielt. Diese letzte noch lebende Tochter Iwans V., die kurz mit Friedrich Wilhelm Kettler, Herzog von Kurland, verheiratet gewesen war, wird aus ihrem freiwilligen Exil geholt. Seit ihrer plötzlichen Witwenschaft 1711 hatte sie zurückgezogen in Mitau (jetziges Jelgava in Lettland), der Hauptstadt von Kurland, gelebt. Dieses kleine Herzogtum im südlichen Zentrum des heutigen Lettland zwischen der Duna (oder Daugava, an deren Mündung Riga liegt) im Norden und Polen im Süden stand seit dem Verfall der kurzfristigen Macht des Livländischen Ordens (ein rivalisierender Zweig des Deutschen Ordens) unter polnischem Protektorat.
Der Nordische Krieg hatte auch dort zu Verwüstungen geführt: Schweden bekommt das Herzogtum nach der Schlacht bei Narva 1700 zurück. 1713 eroberte Peter I. es für seine Nichte Anna Iwanowna wieder.
Die junge Witwe hatte sich mit dem ehrgeizigen Ernst Johann von Biron getröstet, dessen Vater Karl aus Bühren in Westfalen stammte. Dieser Karl Bühren nannte sich in „von Biron“ um, indem er eine verwandtschaftliche Beziehung zu einer französischen Adelsfamilie vorgab.
Als Anna Iwanowna 1730 die Herrschaft über das Reich aller Reußen übernimmt, geht sie nach Moskau, wo sie in der Mariä-Himmelfahrts-Kathedrale den Eid ablegt. Sie lässt ihren Günstling mit seiner Familie in Mitau zurück (Ernst Johann hatte inzwischen 1723 geheiratet), nicht ohne ihm zuvor die nach dem Tod Herzog Friedrich Wilhelms ererbten Besitzungen der Kettler zu übergeben.
Anna Iwanowna sichert sich den Oberbefehl über das Preobrashenski-Regiment und ernennt Graf Simon Saltykow zum Oberstleutnant,

später zum befehlshabenden General; gleichzeitig entledigt sie sich der Mitglieder des Hohen Rates, die sie ins Exil schickt.
Der unentbehrliche Ernst Johann wird kaiserlicher Kammerherr und bleibt auch in Mitau nicht untätig. Auf Befehl der Zarin arbeitet der junge Architekt Bartolomeo Francesco Rastrelli dort zur gleichen Zeit wie in St. Petersburg.
Als Sohn des Florentiner Bildhauers und Dekorateurs Bartolomeo Carlo Rastrelli in Paris geboren, folgte er seinem Vater mit sechzehn Jahren nach St. Petersburg. Rastrelli Senior war von Peter I. gemeinsam mit anderen italienischen und französischen Künstlern für den Bau seiner neuen Hauptstadt engagiert worden.
Rastrelli Sohn, der den Titel „Generalarchitekt des Hofes“ oder „Ober-Architekt“ trug, erstellte eine detaillierte und datierte Liste seiner Arbeiten bis 1755.

Plan von St. Petersburg 1716, dem Jahr des königlichen Geschenkes (Vc 336 fol., Bibliothèque Nationale, Paris)

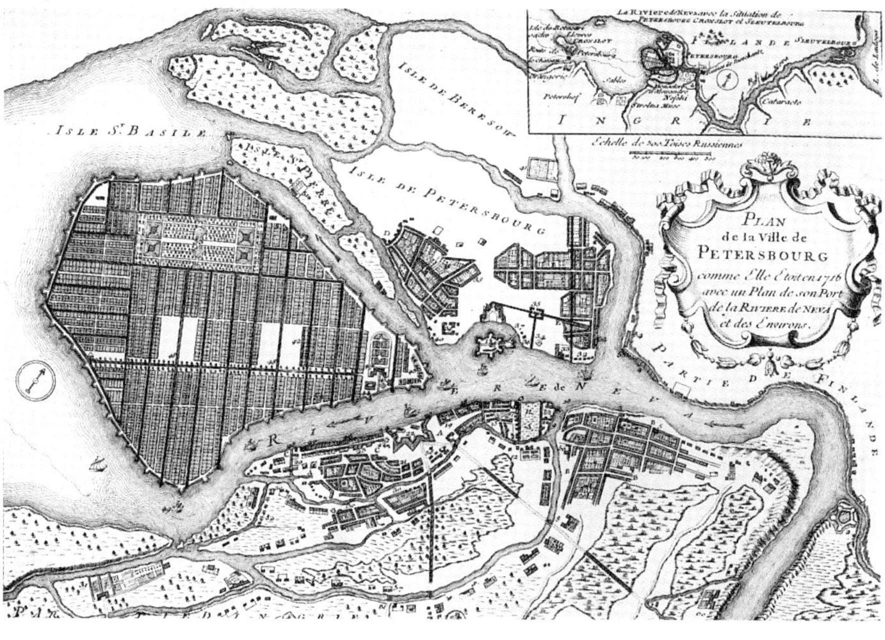

Stich nach einer Münze, die anlässlich der Krönung von Katharina I. im Auftrag von Peter dem Großen im Jahr 1724 geschlagen wurde (N[2], Bibliothèque Nationale, Paris)

Für 1731 gibt er die Errichtung des so genannten dritten Winterpalasts an: „Neben der Admiralität ein großer Palast aus Stein mit drei Stockwerken und 138 Appartements, außerdem ein großer Saal und eine Galerie, die mit Glas und Skulpturelementen verschönert wurde, alles mit poliertem Gold vergoldet; dieses Gebäude wurde 1733 fertig gestellt."

Rastrelli zeichnet auch verantwortlich für das Schloss Mitau und die Sommerresidenz in Rundale, die er ebenfalls zwischen 1735 und 1739 errichtete und später, nach der Rückkehr Herzog Ernst Johanns aus dem Exil 1763, umbaute.

Nach der fast vollkommenen Zerstörung im Zweiten Weltkrieg wurde 2002 mit einer interessanten Ausstellung der Abschluss der 30 Jahre dauernden Restaurierungsarbeiten an diesem eleganten gelb-weißen Gebäude (Rastrellis Lieblingsfarben) mit seinen schönen Proportionen gefeiert.

Hervorzuheben sind die schöne Holztreppe und die Steinböden, die statt kostspieligem Marmor verwendet worden waren. Der Ballsaal ist zur Gänze mit blendend-weißem Stuck verziert, um „die farbenfrohen Kleider der Damen zur Geltung zu bringen", wie uns die Führerin aufmerksam macht. Ein den Plafond umrahmendes schmales Fries mit ebenfalls weißen Putti stellt die vier Jahreszeiten dar: zwei reizende kleine Engel, die den Winter symbolisieren, mit Pelzmützen (Kolpaks)!

Mit der Unterstützung der russischen Kaiserin lässt sich ihr Günstling Biron 1737 zum Herzog von Kurland wählen.

Wie auch immer der Charakter und der Einfluss des widersprüchlichen

Detail des Ballsaales im Schloss Rundale. Die Putten, die den Winter symbolisieren, tragen Pelzmützen (Kolpaken), (Privatsammlung)

Chambellan von Anna Iwanowna gewesen sein mögen, muss man ihm zumindest zugute halten, dass er es Bartolomeo Francesco Rastrelli ermöglich hat, sein bedeutendes Talent nach seinen Bildungsreisen in Europa (1719–1723) auch im fernen Livland umzusetzen.
Anna Iwanowna stirbt 1740, ihr folgt für einige Monate ihre Nichte Anna Leopoldowna, die Großnichte Peters I., auf den Zarenthron, deren Verdienst es ist, dem übersteigerten Ehrgeiz des „Deutschen" Ernst Johann von Biron Einhalt zu gebieten und ihn (bis 1763) ins Exil nach Sibirien zu schicken.
Erinnern wir uns, dass Peter I. anlässlich der Heirat Katharina Iwanownas mit Herzog Karl Leopold von Mecklenburg-Schwerin 1716 bei seinem Besuch in Berlin das *Tabakkabinett* aus Bernstein vom Soldatenkönig zum Geschenk erhalten hatte. Diese unsicheren Zeiten nach der Regierungsperiode Peters des Großen waren jedoch keineswegs dazu angetan, dass jene Herrscher, die da kamen und gingen, ihr Augenmerk auf das diplomatische Geschenk des preußischen Königs richteten. Und entsprach dieses überhaupt ihrem Geschmack?

In diesen Jahren war Moskau wieder zur Krönungsstadt der Zaren geworden, wo auch wieder die tausend Kämpfe unter den Klans ausgefochten wurden, die allein Peter der Große mit seiner eisernen Hand – aber auch indem er die Hauptstadt nach St. Petersburg verlegt hatte – zu zähmen verstanden hatte.
Erst während der langen Regierungszeit von Kaiserin Elisabeth Petrowna, der Tochter Peters I. und Katharinas I., war wieder die Rede vom wunderbaren Bernsteinzimmer, jenem vom Zaren so sehr geschätzten Geschenk, und davon, dass er dem Soldatenkönig im Gegenzug für dessen berühmte Garde der „Langen Kerle" 55 Grenadiere, bewaffnet mit 55 wertvollen Gewehren aus feinem Stahl aus Tula, gesandt hatte.
1743 tauchten die Bernsteintafeln aus der Versenkung des Sommerpalastes auf. Zarin Elisabeth ordnete neue Arbeiten im Winterpalast in der so genannten Neuen Eremitage an und ließ das diplomatische Geschenk dort einrichten.
Bartolomeo Francesco Rastrelli musste neue Pläne entwerfen: Die zwölf Paneele des Bernsteinkabinetts des Berliner Stadtschlosses hatten eine Oberfläche von 20 Quadratmetern und der Salon, in dem sie die Zarin montieren lassen wollte, war viel größer. Rastrelli löste das Problem, indem er paarweise 18 Spiegelpilaster mit einer vergoldeten Bronzeeinfassung und Frauenköpfen in der oberen Partie aufstellte.
Nach den Angaben von Michail Woronow und Anatoli Kuchumow waren zwei der Spiegel 165 und 168 Zentimeter hoch sowie 28 Zentimeter breit. Da die russischen Handwerker keine so großen Spiegel herstellen konnten, wurden sie am 22. Oktober 1744 beim Kunstschreiner Michel in Paris in Auftrag gegeben, der auch schon 1723 für das chinesische Kabinett in Peterhof (Petrodworetz) gearbeitet hatte. Sie kamen im September 1745 per Schiff in St. Petersburg an und wurden sogleich im Salon montiert.
Die Abfolge dieser Spiegelpilaster wird von Paneelen mit Bernsteineinlagen unterbrochen, die wiederum in ihrer Mitte von drei reich verzierten Rahmen geschmückt sind, die von Meistern des 17. Jahrhunderts aus Königsberg und Dresden stammen. Auch Rastrelli war

Elisabeth Petrowna
Kayserin von Russland

der Ansicht, dass in diese Rahmen Bilder und nicht die vorgesehenen Spiegel montiert werden sollten.
In einem Briefwechsel vom März 1745 erwähnt Baron Axel von Mardefeld, der ständige Gesandte Friedrichs II. des Großen in St. Petersburg, dass die Kaiserin es bedaure, dass es lediglich drei Rahmen mit wertvollen Intaglien in verschiedenen hell bis dunkel schattierten Bernsteinfarben gebe und daher die Ausgewogenheit in der zentralen Dekoration der Paneele fehle. Ihr zu Gefallen ließ der preußische König einen vierten Rahmen anfertigen, den er ihr schenkte. Es heißt, dieser habe 2.000 Taler gekostet und sei von Elisabeth überaus geschätzt und sofort nach der Fertigstellung im Oktober des gleichen Jahres montiert worden.
Handelte es sich hierbei um ein Geschenk anlässlich der Hochzeit der Großherzogin Katharina Alexejewna mit dem künftigen Peter III., die im September mit großem Pomp gefeiert worden war, oder um

Friedrich II., der Große. Gemälde von Anton Graff, 1781 (F 921, Bildarchiv preußischer Kulturbesitz, Berlin)

Gegenüber: Elisabeth Petrowna, Kaiserin von Russland (N^2, Bibliothèque Nationale, Paris)

eine Gabe für einen Pakt über die Nichteinmischung in den Konflikt mit Frankreich und Österreich, im Zuge dessen Preußen Schlesien erhielt?

1746 sind die Einbauarbeiten des prächtigen Geschenks Friedrich Wilhelms I. von Preußen, das Bartolomeo Francesco Rastrelli stark verändert und für die Salons in der neuen Eremitage vergrößert hat, endlich abgeschlossen. Die Zarin empfängt dort bis zur Zerstörung des Palastes im Jahre 1754 mit großem Prunk zahlreiche hohe Besucher.

Für unser Bernsteinkabinett ist dies jedoch nur eine kleine Verschnaufpause auf seiner Wanderschaft, bis die Kaiserin beschließt, es neuerlich von der Neuen Eremitage nach Zarskoje Selo zu transferieren, wo wir es nach weiteren Schicksalsschlägen heute endlich bewundern können.

Das Bernsteinzimmer in Zarskoje Selo

Es ist unklar, wann genau der Landsitz von Zarskoje Selo, wo sich heute der prächtige Katharinenpalast erhebt, der nach Katharina I., der zweiten Gemahlin Peters I. und Mutter von Zarin Elisabeth, benannt wurde, in den Besitz des Zaren kam.
Zu Beginn war dies eine jener ausgedehnten, noch unberührten Ländereien, die der Zar großzügig seinem teuren Freund, dem hochbegabten Fürsten Alexander Menschikow, überlassen hatte. Das Grundstück befand sich 25 Werst (ca. 30 Kilometer) von St. Petersburg entfernt und lag 1710 inmitten des später sogenannten „Zarendorfes", auf russisch Zarskoje Selo. Der Zar liebte diesen hügeligen, von einem Flüsschen durchzogenen Besitz, weitab von der riesigen Baustelle St. Petersburg. Hat er also einen Teil wieder für sich zurückgenommen, um ihn dann seiner Gemahlin Katharina zu schenken, oder hat Menschikow selbst ihn Katharina geschenkt, die ihn ihrerseits dem Zaren schenkte? Wie auch immer, die beiden hielten sich ab 1708 gerne gemeinsam dort auf.
Nach dem Tod Katharinas I. im Jahr 1727 gerät dieser große, schöne Besitz in Vergessenheit, erst mit der Zarewna Elisabeth, die 1741 an die Macht kommt, tritt er wieder ins Rampenlicht: Von Zarskoje Selo aus bricht sie zu ihrem triumphalen Einzug in Moskau auf, wo sie sich mit Unterstützung des Regiments der Preobrashenski-Garde und dem mehr oder weniger ausgesprochenen Einverständnis Frankreichs, das sie lieber als Zarin aller Russen denn als Königin Frankreichs sieht, krönen lässt.
So wie ihre Mutter galt sie als lebensfroh und frivol, sie liebte Kleider, Bälle und Schmuck. Elisabeth war mit einem Holstein aus dem kleinen norddeutschen Herzogtum an der Ostsee verlobt gewesen, der kurz vor der Hochzeit gestorben war; später hatte sie nie mehr offiziell geheiratet, vielleicht weil sie keine Ehe aus Staatsräson mehr hatte eingehen wollen oder keinen ihr ebenbürtigen Kandidaten

gefunden hatte: 1725 hatte man ihr doch tatsächlich die Tochter des polnischen Königs, Maria Leszczynska, als Gemahlin Ludwigs XV. vorgezogen!

Voll der Widersprüche liebte sie aber auch das Leben im Freien, die Pferde, die Jagd. Sie lebte zurückgezogen in Ismailowo (nahe Moskau), fernab von den Intrigen des Hofes und nahe dem russischen Volk, im Gegensatz zur „deutschen" Umgebung von Anna Iwanowna und ihrem Neffen Peter II., mit dem sie jedoch zumindest die Liebe zu den großen Jagden teilte.

1741 wird sie einen Palast „im großen Wald von Ismailowo" errichten lassen, wie der rührige, allgegenwärtige Rastrelli berichtet. „Dieser Palast war ebenfalls aus Holz und ruhte auf Steinfundamenten: Die Zahl dieser Appartements belief sich auf mehr als 40 Zimmer; das Ganze war innerhalb von vier Monaten fertig gestellt."

1745 wird einer von Rastrellis Schülern, Sawa Iwanowich Tschewakinski, der zuvor an der Admiralität gearbeitet hatte, zum Architekten von Zarskoje Selo ernannt. Der Bericht des *Comte François de Rastrelli*, wie dieser selbst sich nennt, erlaubt es uns, den Baufortschritt weiter zu verfolgen: „1748. Ich habe das große Lustschloss Sarskezelau wieder aufbauen lassen; [...] die große Fassade zum großen Hof hin, wie auch jene vom alten Garten, 959 Fuß vom König entfernt; dieses große Gebäude hat drei Etagen. In der ersten befindet sich die normale Residenz Ihrer Majestät, die zweite ist dem Sommer vorbehalten, hier ist jedes Appartement prunkvoll ausgestattet, reich mit vergoldetem Schnitzwerk verziert. Zu diesen großen Appartements gehören auch Säle mit japanischem Porzellan und unter anderen ..."

– Nun kommt es endlich! – „... ein großes Zimmer, das vollkommen mit weißem und gelbem Bernstein verkleidet ist, in dem alle Felder von Gesimsen mit Basreliefs, Girlanden und anderem ähnlichem Schnitzwerk eingerahmt sind. Ich habe auch zwischen den Paneelen Spiegelpilaster mit vergoldeten Bronzeornamenten anfertigen lassen."

Hier verwandelte der begabte Bartolomeo Francesco Rastrelli mit Hilfe von Friedrich Roggenbuch, Clemens Frick und Gottlieb Welpendorf, jenen Königsberger und Danziger Meistern, sowie dessen

Gehilfen Johann Roggenbuch (Sohn des Vorgenannten) und später Gerasim Kozlowski den Raum der Neuen Eremitage in einen Salon von 100 Quadratmetern.

Über eine „große Prunktreppe“ gelangt man in das Stockwerk, wo sich in einer Zimmerflucht nach dem weiß-goldenen Thronsaal, der mit seinem kalten Glanz blendet, dieser Salon öffnet. Der Überraschungseffekt wird durch die herrlichen Kristallluster noch gesteigert.

Dieses außerordentliche, auf der ganzen Welt einzigartige Bernsteinzimmer liegt nach Westen, wobei durch große Fenster die Nachmittagssonne hereinfällt und seine vielfältigen gelben bis dunkelbraunroten Schattierungen schimmern lässt. An der Ostseite befinden sich sechs Tafeln, jeweils drei rechts und links von einer Mitteltüre, die in einen blinden Gang führt, sodass das harmonische, durch die gegenüberliegenden großen Fenster erhellte Ensemble nicht gestört wird. Die Nord- und Südseiten bilden je drei Täfelungen, deren mittlere

Büste von Bartolomeo Francesco Rastrelli vor den Werkstätten von Zarskoje Selo (Privatsammlung)

Bernsteinzimmer im Jahr 1938. Das einzige existierende Farbfoto
(92e, Bildarchiv preußischer Kulturbesitz, Berlin)

jeweils größer ist als die beiden anderen, und die durch zwei Spiegelpilaster getrennt sind, während die Seitenpaneele von jeweils einem einzigen Spiegel begrenzt werden.
Zu den 18 Spiegelpilastern, die Rastrelli schon in der Neuen Eremitage hatte anbringen lassen, musste er nun sechs hinzufügen, da der Salon im Katharinenpalast größer war. Die Spiegel sind von vergoldeten, geschnitzten Bronzerahmen eingefasst, die im oberen Teil Frauenbüsten tragen. In der Mitte jener Pilaster sind ebenfalls aus vergoldeter Bronze angefertigte Appliken angebracht, deren warmes Kerzenlicht abends oder an trüben Tagen den für Bernstein so typischen Duft entstehen lässt. Alles ruht auf Sockeln, die ebenfalls mit Bernsteinplatten verkleidet sind.
Der untere Teil der Tafeln ist abwechselnd mit hellen und dunklen Bernsteinmotiven verziert. In der Anfangszeit war der Bereich unter

den Säulen aus Holz, das in Bernsteinimitation bemalt war. 1760 ließ Zarin Elisabeth das Holz jedoch mit Bernsteinplättchen verkleiden. Der obere Teil der Paneele, der an den weißen Plafond grenzt, war mit Stoffdraperien versehen, die ebenfalls Bernstein imitierten. Heute ist die Draperie durch Bernsteinplatten ersetzt, auf denen vergoldete Cupidi schweben, die von vergoldeten, geschnitzten Holzrahmen umgeben sind und von fünfarmigen, ebenfalls vergoldeten Leuchtern ihr Licht bekommen.

Die drei Türen – jeweils eine an der Nord- und an der Südseite, durch die man in die angrenzenden Salons gelangt, und die dritte, bereits erwähnte, an der Ostseite – sind weiß gestrichen und goldverziert. Sie sind im Rokokostil ausgeführt, Rastrelli hatte sich seit seinen barocken Frühwerken weiterentwickelt.

Mit dem Parkettboden aus Edelhölzern mit Perlmuttintarsien bildet das Ganze eine vollkommene Harmonie. Ein persischer Fürst konnte einmal nicht umhin, sich vor all dieser Schönheit die Schuhe auszuziehen. Insgesamt besteht das Bernsteinzimmer aus 100.000 eingelegten Teilen, die farblich so angeordnet sind, dass sie Kameen und Arabesken bilden. Rastrelli hatte den italienischen Bildhauer Alessandro Martelli und fünf Bernsteinschnitzer für die Schaffung der verschiedenen Motive herangezogen: 14 Tulpen, 12 Rosen, Akanthus- und Palmenblätter umgeben die Köpfe in der Mitte der großen, runden Motive am oberen Teil der größten Mittelpaneele.

Der Salon war nicht leer. Er wurde als Spielzimmer genutzt, für das die gleichen Kunsthandwerker einen mit Bernstein verkleideten Tisch mit vier Beinen, ein Schachspiel mit Bernsteinfiguren und ein reizendes *Jeu de flirt*, von dem es leider keine Regeln mehr gibt, entworfen hatten.

Der begnadete „Generalarchitekt des Hofes", Bartolomeo Francesco Rastrelli, und die anderen berühmten Künstler brauchten sieben Jahre, um dieses – wie ein englischer Diplomat es nannte – „achte Weltwunder" auszuführen, wo Generationen von russischen Herrschern von 1755 bis zum Ende des Zarenreiches 1917 lebten und ihre Gäste empfangen konnten.

Die florentinischen Mosaike

Die Geschichte verrät uns nicht, ob Elisabeth Petrowna sich während der langen Krankheit, die sie gegen Ende ihrer Herrschaft unbeweglich gemacht hatte, in dieses magische Bernsteinzimmer tragen ließ.
Jedenfalls verdanken wir dieses herrliche Zimmer dem Genie des Bartolomeo Francesco Rastrelli, den sie mit ihrer Vorliebe für Prunk zu inspirieren verstand; ihn betraute die Kaiserin mit der Ausführung des glanzvollen, heute unter dem Namen Katharinenpalast bekannten Schlosses, das sie ihrer Mutter Katharina I., der zweiten Frau ihres Vaters Peter I., widmete.
Am 25. Dezember 1761 (5. Januar 1762 nach unserem gregorianischen Kalender) starb die Kaiserin nach einem schmerzvollen Todeskampf.
Ihr folgte Katharina II., die gebürtige deutsche Prinzessin Sophie von Anhalt-Zerbst, nach der sehr kurzen Regierung ihres Gemahls Peter III. auf den Thron. Kaiserin Elisabeth hatte sie als Gemahlin ihres Neffen Karl Peter Ulrich, Herzog von Holstein-Gottorp, ausgewählt, den sie 1742 aus dem fernen Holstein in Norddeutschland nach St. Petersburg hatte kommen lassen, um ihn auf ihre Nachfolge vorzubereiten. Beide waren Lutheraner, konvertierten in Russland zur Orthodoxie, wurden zu Großherzog Peter Fjeodorowitsch und Großherzogin Katharina Alexewna und feierten 1745 eine prunkvolle Hochzeit. Der junge Peter vernachlässigte seine Gemahlin und die Kaiserin hat die Liebschaften von Katharina toleriert, wenn nicht gar gefördert, damit sie einen männlichen Erben zur Welt bringen und den Fortbestand der Dynastie der Romanow sichern konnte.
1754 wurde schließlich der zukünftige Paul I. geboren, dessen zweifelhafte Vaterschaft jedoch sein ganzes Leben auf seiner Beziehung zu Katharina II. lastete.
Die Lehrjahre der Großherzogin seit 1744 in St. Petersburg sind hart,

Katharina II., Kaiserin von Russland. Dieser Stich ist die getreue Kopie des von Alexander Roslin ausgeführten Porträts, welches die Zarin den Erben von Sir Robert Walpole schenkte, nachdem sie die wertvolle Gemäldesammlung dieses berühmten Staatsmannes und Kunstliebhabers in Bausch und Bogen gekauft hatte. Das Bild, im Besitz des Grafen von Cholmonderley, war im November 2000 in den Hermitage Rooms *in* Somerset House *(London) ausgestellt* (N², Bibliothèque Nationale, Paris)

aber sie erweist sich als eifrige Schülerin: Sie lernt perfekt Russisch, vertieft sich in die orthodoxe Religion, deren Bedeutung für ihrer Wahlheimat sie erkennt. Und vor allem liest sie alles, was ihr in die Hand kommt, während ihr Gemahl sich hauptsächlich mit seinen deutschen Waffengefährten auf Zechtouren begibt. Elisabeth bereitet ihn nicht wirklich auf die schwierigen Aufgaben vor, die seiner har-

Katharina II. zu Pferd, von Vigilius Erichsen (F 4227 d, Bildarchiv preußischer Kulturbesitz, Berlin)

ren. Von seinem Naturell her zeigt er im Übrigen nur wenig Interesse an Politik.

Katharina gewöhnt sich leicht am glänzenden kaiserlichen Hof ein: Sie hatte sich am Hof ihrer Großmutter mütterlicherseits in Braunschweig geistige Unabhängigkeit und Humor erworben, während sie die Spielregeln bei Hof erlernte.

Sie soll graziös gewesen sein, tanzte gern und liebte lange Ausritte und die Fuchsjagd. Vor allem aber verblüffte sie ihre Umgebung von früher Jugend an mit ihrer Bildung und Gedankentiefe.

Ende 1761, zum Zeitpunkt des Todes von Kaiserin Elisabeth, erwartete sie ein weiteres Kind von einem ungestümen und tapferen Offizier des Ismailowski-Regiments, von Gregori Orlow, der seinen Ruf seinen zahlreichen kriegerischen Heldentaten verdankte. Nach ihrer Entbindung von einem kleinen Sohn namens Alexej Gregorewitsch (Sohn von Gregori) im April 1762, beschloss Katharina zu handeln. Mit der Hilfe seiner vier Brüder, die ebenfalls Offiziere waren, gelang es Orlow, die angesehensten Regimenter für Katharina zu gewinnen. Peter hatte sich seinerseits beim Klerus durch die Annexion der Kirchengüter überaus unbeliebt gemacht. Durch einen Handstreich der Brüder Orlow wurde er Ende Juni gefangen gesetzt und sollte bald darauf den Tod finden, während Katharina sich in die Kasernen der Regimenter Ismailowski und Semenowski begab, zu denen sich bald auch das berühmte Preobrashenski-Regiment gesellte. Von ihnen eskortiert und hoch zu Pferd zieht sie in St. Petersburg ein, um in der Kathedrale der Gottesmutter von Kasan vom Metropoliten gesalbt und damit zur *„autokratischen“* Kaiserin aller Russen zu werden, in Anwesenheit ihres Sohnes Paul, der ebenfalls gesegnet und mit seinen sieben Jahren zu ihrem Nachfolger bestimmt wird.

Nach der Krönung im September 1762 versucht Katharina II., die katastrophale Situation ihres Landes nach der Herrschaft der kapriziösen und ineffektiven Elisabeth in den Griff zu bekommen. Pragmatisch geht die junge Kaiserin daran, die Prinzipien, von denen sie bei Montesquieu gelesen hat, in die Praxis umzusetzen. Auch Peter der Große ist ihr ein Vorbild und sie will Russland weiterhin den euro-

päischen Raum eröffnen, in den ihr berühmter Vorgänger das Land Anfang des 18. Jahrhunderts eingeführt hatte.
1769 und 1772 führt Russland Krieg gegen die Türkei. Der Treulosigkeiten von Gregori Orlow überdrüssig, schickt ihn die Kaiserin Ende Mai nach Fokchany, um einen Frieden auszuhandeln. Während seiner Abwesenheit findet sie in der Person eines anderen gut aussehenden jungen Offiziers, Alexander Wassiltschikow, Ersatz für ihn. Als Orlow davon erfährt, verlässt er wütend den Verhandlungstisch, kehrt nach St. Petersburg zurück und versucht seine Kaiserin zurückzuerobern.
Man erzählt, Katharina habe den in Ungnade gefallenen Geliebten im November 1773 im wunderbaren Bernsteinzimmer empfangen, das in Tausend Lichtern erstrahlte, wo er ihr vor den Augen der verblüfften Anwesenden einen Diamanten von 193 Karat zu Füßen legte, der heute eben „Orlow" heißt.
Im Laufe der Jahre war das Zimmer mit Tischen, zwei Eckkonsolen, die mit Bernsteinplättchen einlegt waren, Stühlen und Kommoden möbliert worden. Weiters gab es dort Tabatieren und Schatullen mit Bernstein-Einlegearbeiten, sowie Toilettegegenstände des täglichen Gebrauchs, die aus Bernstein geschnitzt waren. Es handelte sich dabei um Objekte polnischer oder deutscher Herkunft aus den Sammlungen früherer Zaren, die in der Rüstkammer des Kreml zusammengetragen worden waren, nicht zu vergessen die *objets de vertu*, die Anna Iwanowna und Katharina II. hatten anfertigen lassen oder geschenkt bekommen.
Zur Vervollständigung der Beschreibung des Bernsteinzimmers fehlen noch die Gemälde, die der „Ober-Architekt" Bartolomeo Francesco Rastrelli statt Spiegeln in die vier herrlich gedrechselten Bernsteinrahmen einsetzte, die in Augenhöhe die vier größten Paneele dieses zauberhaften Zimmers schmückten, das wir nun allmählich immer besser kennen lernen.
Bis heute verfügen wir über keine Beschreibung der ursprünglichen Bilder, wir wissen jedoch, dass sie später durch florentinische Mosaike ersetzt wurden; auch diese ein prächtiges diplomatisches

Der Palast von Zarskoje Selo (Vc 342 fol., Bibliothèque Nationale, Paris)

Geschenk. Claudia Przyborowski hat dazu zwei Hypothesen: Entweder haben der Deutsche Kaiser Franz I. von Habsburg-Lothringen und seine Gemahlin Maria Theresia von Österreich diese Katharina II. anlässlich ihrer Krönung 1762 geschenkt; oder es handelt sich um ein Geschenk von deren Sohn Kaiser Josef II. anlässlich einer Reise nach St. Petersburg 1780.

Herzog Franz Stephan von Lothringen war 1737 zum Großherzog von Toskana ernannt worden. Als solcher erbte er die riesigen Schätze der Medici, vor allem jene aus den berühmten Kuriositätenkammern der Renaissance und aus der *Guardaroba Maggiore.*

Der Großherzog war für seinen Kunstsinn bekannt und interessierte sich von seiner Ankunft in Florenz im Jahre 1739 an für die Galerie der *Pietra-dura*-Arbeiten, die heute den Uffizien eingegliedert ist, wo sich eine auf der ganzen Welt einzigartige und diesen Werkstätten eigene Kunst entwickelte, die *a commesso*-Arbeiten. „Steinschneider"

Gegenüber, oben: Schäferszene. Aquarellierte Federzeichnung. Allegorie Der Tast- und Geruchssinn *von Giuseppe Zocchi, 1751*
(6494 S, Gabinetto Disegni e Stampe degli Uffizi, Florenz, Italien)

Gegenüber, unten: Der Tast- und Geruchssinn *von Giuseppe Zocchi, 1751. Öl auf Leinwand*
(Museo dell'Opificio delle Pietre Dure, Archivio Fotografico, Florenz, Italien)

Giancarlo Raddi delle Ruote, Leiter der Werkstätten für Mosaik und Commessi *des* Opificio delle Pietre Dure, *Florenz, Italien* (Privatsammlumg)

schnitten dabei Blöcke weicher oder harter Steine unterschiedlicher Farben in immer dünnere Lamellen, bis diese einige Millimeter Dicke erreichten (*Scagliola* war eine weniger teure Technik, die mit Gips ausgeführt wurde). Diese Lamellen wurden dann mit Hilfe eines Drahtbogens nach einer Zeichnung und einem Vorlagenbild nochmals zugeschnitten, danach zu Landschaften oder allegorischen Schäferszenen, meist vor römischen oder griechischen Ruinen, zusammengefügt (daher auch der Name: *cum* und *mettere*) und auf einen Schieferuntergrund aufgeklebt. Für den Hintergrund wurde orientalischer Alabaster oder Onyx verwendet, „wobei darunter Ölfarbe aufgetragen wurde, um dem Himmel Bewegung und Tiefe zu verleihen", erzählt uns Giancarlo Raddi delle Ruote, Leiter der Mosaik- und *Commessi*-Werkstätten des *Opificio delle Pietre Dure* in Florenz, der heute noch Steine mit derselben Technik und denselben Werkzeugen schneidet wie im 18. Jahrhundert.
Das fertig zusammengesetzte Bild wurde dann so lange poliert, bis es völlig glatt war, und anschließend – mit der Hand natürlich – mit Hilfe eines weichen, mit Wachs imprägnierten Wolllappens noch ein letztes Mal glanzpoliert, um die Farbintensität zu erhöhen.

In jener Zeit verhalf das Künstlerduo Giuseppe Zocchi (er war Maler) und Louis Siriès, Leiter der Werkstätten des *Opificio delle Pietre Dure*, der Nachfolgeeinrichtung der Galerie der *Pietra-dura*-Arbeiten, dieser Technik zu einem neuen Aufschwung und führte sie zur Perfektion. Zocchi (tätig ab 1750) malte die Szenen, die umgesetzt werden sollten, und Siriès suchte die Steine für die Ausführung dieser Steinbilder aus. Die Genialität von Siriès bestand darin, dass er Zocchis Kunstfertigkeit und Sensibilität voll vertraute, der mit seiner Malerei die Farben der Steine perfekt nachzuahmen verstand. Für die verschiedenen Grüntöne etwa wurde Jaspis aus Böhmen für Zypressen gewählt, während derselbe Stein aus Sizilien andere Nuancen hatte und für das Grün der Eichen verwendet wurde. Lapislazuli holte man aus Persien und Chalcedon für die Darstellung der Ruinen aus Graubünden (Schweiz) oder dem Casentino (Toskana). Die natürlichen Schattierungen der Steine verliehen den Steinbildern Relief und Bewegung.
Die Leidenschaft des Großherzogs für diese Meisterwerke trug wesentlich zum Aufschwung der Werkstatt in Florenz bei. Der Auftrag von 62 Bildern für ein *Florentiner Zimmer* in der Hofburg in Wien, die alles bislang Bekannte übertreffen sollten, wurde nach unterschiedlichen Themengruppen konzipiert und ausgeführt: u.a. die Elemente (*Feuer, Wasser, Erde* und *Luft*), die freien Künste (*Musik, Architektur, Bildhauerei* und *Malerei*) und die Spiele (*Federball-Spiel, Jeu de Paume, Bogenschießen* und *Billard*). Üblicherweise bestanden diese Serien aus drei oder vier Bildern in jeweils unterschiedlich verzierten, vergoldeten Bronzerahmen.
Von dieser Sammlung kleiner Bilder, die sich heute in der Präsidentschaftskanzlei der Hofburg in Wien befinden, schenkte das habsburg-lothringische Kaiserpaar (oder dessen Sohn Josef II.) Katharina II. eine Serie von vier allegorischen Bildern, welche die fünf Sinne darstellten: *Hören, Sehen, Schmecken* sowie *Der Tast- und Geruchssinn*. Die letzten beiden sind auf ein und demselben Bild dargestellt, weil die Serie nur vier Bilder umfasst. Ihre vergoldeten Bronzerahmen sind leicht profiliert und die vier Ecken werden mit kleinen

Stein-Cabochons in unterschiedlichen Farben betont, die kleine, ebenfalls aus vergoldeter Bronze gefertigte Rocaillen zieren. *Das Sehen* wurde an der Nordwand des Zimmers angebracht, *Das Schmecken* links und *Das Hören* rechts der Haupttür an der Ostwand gegenüber den großen Fenstern, die auf den Park hinaus gehen, und schließlich *Der Tast- und Geruchssinn* auf der Südwand.
Diese Wunderwerke, ihrerseits in vier prächtigen Rahmen aus gedrechseltem Bernstein, verliehen dem Zimmer eine bunte und fröhliche Note inmitten der großen, so dekorativen Paneele, die wir heute in Zarskoje Selo wieder bewundern können.

Das mysteriöse Verschwinden

Bis zu den dunklen Stunden der Oktoberrevolution konnten sich die Nachfolger Katharinas II. – Paul I., Alexander I., Nikolaus I., Alexander II., Alexander III. und schließlich Nikolaus II. – an diesem zauberhaften Bernsteinzimmer erfreuen; sie pflegten und erweiterten die Sammlungen von Bernsteingegenständen, die ihre Vorgänger im Laufe von Jahrhunderten in Auftrag gegeben oder als Geschenk erhalten hatten.

Dennoch wurde ein Teil dieser Gegenstände zerstreut oder während des Brandes von Zarskoje Selo im Jahr 1820 vernichtet, auch wenn dieser das Bernsteinzimmer selbst verschonte. Andere wiederum wurden im Zuge der Restaurierungsarbeiten von Karl Esch und zwei Gehilfen aus Königsberg und Danzig zwischen 1830 und 1833 repariert. Seit dem Umzug der Bernsteintafeln aus der Neuen Eremitage in St. Petersburg in den Katharinenpalast gab es Werkstätten vor Ort. Den Forschungen von Claudia Przyborowski zufolge konnten 1861 Gäste am Hofe Alexanders II. 62 Bernsteingegenstände bewundern, die auf zwei Etagèren in einer mit blauem Samt ausgeschlagen, eleganten, weiß gemalten Holzvitrine aufgestellt waren. 1888 waren es 71 Objekte, die auf drei Vitrinen verteilt waren. 1893 bis 1894 erfolgte eine weitere Restaurierung. 1910 plante Nikolaus II., noch bevor er 1913 seine letzten Objekte erwarb, das Bernsteinzimmer in ein Museum umzuwandeln, um einer größeren Zahl von Besuchern die Gelegenheit zu geben, diese prächtigen Sammlungen zu bewundern. Es ist eine grausame Ironie der Geschichte, dass sein Wunsch schließlich ohne ihn verwirklicht wurde.

Die blutigen Ereignisse der Revolution, das dramatische Massaker am Zaren und seiner gesamten Familie in Jekaterinburg in der Nacht vom 17. auf den 18. Juli 1918 verschonten indes den Katharinenpalast in Zarskoje Selo. Seit 1920 konnten Kunstliebhaber mit *tapotschki* (Filzschuhen) – so wie wir heute – diese Wunderdinge bestaunen

und zwischen 1933 und 1935 wurden unter der Leitung des Bildhauers I. Krestowski erneut Instandsetzungsarbeiten durchgeführt.
Erst 1941 hören wir wieder vom tragischen Geschick des Bernsteinzimmers, diesem zauberhaften, vollkommenen Kunstwerk.
Am 22. Juni 1941 nimmt der unheilvolle „Fall Barbarossa" seinen Anfang: Nazi-Deutschland marschiert in die Sowjetunion ein und Leningrad (seit 1924 der Name des ehemaligen St. Petersburg, nachdem es seit 1914 Petrograd geheißen hatte) leistet der Blockade bis 1944 heroischen Widerstand. Zarskoje Selo, damals Puschkin genannt, liegt praktisch mitten auf der Frontlinie, vor allem aber steht es ganz oben auf der Nazi-Liste all jener Kunstwerke, die es zu „schützen", um nicht zu sagen zu stehlen galt.
In Wirklichkeit hatten die Sowjets die Schätze von Petrodworetz (seit 1991 wieder Peterhof), Pawlowsk, Gatschina, Lomonossow (Oranienbaum) und Puschkin (Name von Zarskoje Selo von 1937 bis zum Ende der Sowjetzeit), darunter Skulpturen, wertvolle Möbel, Meisterwerke der Malerei, bedeutende Sammlungen von Münzen, Gobelins, prachtvoller Schmuck und herrliche Lüster, bereits in Sicherheit gebracht. Im Katharinenpalast aber befand sich noch immer das Bernsteinzimmer, das man in aller Eile vor dem Bombenhagel der sowjetischen Armeen und der Nordarmee der Nazis mit Kartons und Sperrholzplatten schützte, aus Angst, die empfindlichen kleinen Bernsteinplättchen oder die Mosaiksteine könnten herausspringen. Auch der prächtige Parkettfußboden wurde mit Sandsäcken geschützt. Vom Sommer 1941 allerdings stammt der traurige Bericht von Leutnant Hans Hunsdorfer: „Ich habe zwei neugierige Soldaten gesehen, die gerade dabei waren, den schützenden Karton abzunehmen und zu zerreißen. Darunter kamen wunderbare Schnitzereien aus glänzendem Bernstein zum Vorschein, die Mosaike umrahmten. Ich trat in dem Augenblick in das Zimmer, als zwei Soldaten Stücke ‚zur Erinnerung' herausbrachen. Am nächsten Tag befand sich das Zimmer im Zustand heilloser Unordnung."
Obwohl noch heftige Kämpfe tobten, waren bereits 1941 sowohl in Polen als auch in Westeuropa vom Nazi-Außenminister Joachim von

Ribbentrop eingesetzte und auf Kunstraub spezialisierte Einheiten unterwegs, von denen man wusste, dass sie überaus gründlich vorgingen; darunter das nach seinem Leiter SS-Sturmbannführer Baron Eberhard von Künsberg benannte „Kommando Künsberg". Hinter den kämpfenden Truppen nachrückend, hatten seine Leute den Auftrag, die Museen und prächtigen Schlösser des „Grüngürtels" rund um Leningrad zu plündern. Im September 1941 gab der zu trauriger Berühmtheit gelangte Reichsleiter Martin Bormann den Befehl, die „Sicherstellung" der verbliebenen Schätze von Puschkin, Petrodworetz, Lomonossow und später auch von Leningrad zu gewährleisten, denn man wusste, dass Hitler die Absicht hatte, das ganze Gebiet dem Erdboden gleich zu machen.

Am 26. September beschloss der Gauleiter von Ostpreußen, Erich Koch, den Abtransport der Tafeln aus dem Bernsteinzimmer in das Schloss von Königsberg, der alten Hauptstadt König Friedrichs I. in Preußen, heute das russische Kaliningrad. In 36 Stunden montierten sechs Spezialisten die Paneele vorsichtig ab, verpackten sie sorgfältig in 80 eigens zu diesem Zweck konstruierte Kisten und brachten sie nach Königsberg.

Obwohl der Direktor der Königsberger Museen, Alfred Rohde – zu seiner Zeit einer der größten europäischen Experten für Bernstein – mit der Aufstellung der Paneele beauftragt worden war, ist in Zeugenberichten von Besuchern aus dem Jahr 1943 von dem erbärmlichen Anblick die Rede, den die wertvollen Tafeln im dritten Stock des Schlosses boten.

Der dafür vorgesehene Saal Nr. 37 war viel zu klein. Obwohl man mehrere Zimmer zu einem Raum zusammengefasst hatte, waren einige Paneele umgedreht worden, wobei aufgrund der nicht ausreichenden Raumhöhe für die 4,75 Meter hohen Tafeln deren oberer Teil und die Verzierungen fehlten. Die 24 großen venezianischen Spiegel und deren Sockel wurden im Keller zwischengelagert.

1944 wurden die Nazi-Armeen auf allen Fronten geschlagen und die sowjetische Armee besetzte Ostpreußen. Die alliierten (britischen und amerikanischen) Streitkräfte bombardierten Königsberg im

Das königliche Schloss in Königsberg vom Wasser aus
(Vc 340 fol., Bibliothèque Nationale, Paris)

August 1944 wiederholte Male. Bereits zwischen Juli und August ließ Alfred Rohde, der auch Direktor des Königsberger Schlosses war, in dem das Bernsteinzimmer 1941 wieder aufgebaut worden war, die neuerlich abmontierten Paneele in Sicherheit bringen. Zeugen versichern, dass die Kisten mit den Bernsteintafeln kurz vor dem durch die Bombardements ausgelösten Brand auf Lastwagen abtransportiert und in Sicherheit gebracht worden seien.
Aber wohin? Was hat sich in Königsberg zwischen dem 30. August und dem 2. September ereignet, als die heftigen britischen Bombenangriffe das Schloss völlig zerstörten? Dies bleibt im Dunklen. Auf jeden Fall hat man keine Spur der Kisten mit der wertvollen Ladung des alten Bernsteinzimmers gefunden. Es erscheint kaum möglich, dass sie in den Kellergewölben des Schlosses geblieben sind, ist es doch äußerst unwahrscheinlich, dass man nach dessen Zerstörung weder Rückstände von einer derartigen Menge von verbranntem

Bernstein noch Scherben der venezianischen Spiegel gefunden hätte. Wie kam es also zu diesem Verschwinden? Ist es denkbar, dass sich trotz der vernichtenden Niederlage der Armeen des Dritten Reiches noch irgendjemand darum gekümmert hat, dieses wertvolle „deutsche Gut" in Sicherheit zu bringen? War es für das Museum bestimmt, das Hitler nach dem „Endsieg" in Linz errichten wollte, oder vielleicht für die Privatsammlungen eines Kunstliebhabers?
Fest steht lediglich, dass es wie durch Zauberhand verschwunden ist. Seit Kriegsende ranken sich zahlreiche Spekulationen um das Verschwinden des Bernsteinzimmers: War diese eindrucksvolle Ladung, die nicht unbemerkt transportiert werden konnte, an einem unbekannten Ort zu einem noch unbekannteren Ziel irgendwo in Deutschland oder der Sowjetunion umgelenkt worden?
Das ist bis heute ein Geheimnis.
In seinem letzten Roman, dem packenden *Im Krebsgang*, stellt der Literatur-Nobelpreisträger Günter Grass sogar die Hypothese auf, das Bernsteinzimmer sei mit mehreren Tausend Flüchtlingen auf die „*Wilhelm Gustloff*" eingeschifft worden, mit Kurs nach Westen, um dem raschen Vormarsch der Roten Armee zu entgehen, und am 31. Januar 1945 vor der Küste Ostpreußens durch ein sowjetisches Unterseeboot versenkt worden. Seit Kriegsende haben sich u.a. der sowjetische, der ost- und der westdeutsche sowie der polnische Geheimdienst auf die Suche danach gemacht. Hunderte Schatzsucher zu Land und zu Wasser und auch Taucher hatten im ehemaligen Ostdeutschland, in Polen, ja sogar in den Vereinigten Staaten ebenso wenig Erfolg. Viele hat diese vergebliche Suche, die sogar Filmemacher in ihren Bann gezogen hat, in den Ruin gestürzt, einige sind dabei gestorben.
Wo mögen wohl die Kisten mit den Überresten der Paneele jenes Kleinods aus dem Katharinenpalast heute sein? Seit Beginn dieser Schatzsuche wurden zumindest 500 mögliche Verstecke angeführt!
Abgesehen vom historischen Interesse das Bernsteinzimmer wiederzufinden: In welchem Zustand befände es sich heute wohl? Feuchtigkeit oder Wasser könnte für die sorgfältig zusammengefügten

Bernsteinplättchen zwar von Vorteil sein, aber wie sähen der hölzerne Untergrund und die Mosaike aus?
Lassen wir die Gespenster des Zweiten Weltkriegs ruhen und wenden wir uns jenen Menschen zu, die mit viel Mut, Begabung und Leidenschaft an der Gesamtrekonstruktion des Bernsteinzimmers gearbeitet haben, das wir heute zu unserer großen Freude im Katharinenpalast bewundern können, jenem prächtigen Rahmen, den ihm Kaiserin Elisabeth einst zugedacht hatte.

Das rekonstruierte Bernsteinzimmer mit dem neuen Mosaik Der Tast- und Geruchssinn (Foto A. Jacot des Combes)

Neuer Glanz

Knalleffekt: Am 13. Mai 1997 bringt ein Notar aus der norddeutschen Hansestadt Bremen für die Summe von 2,5 Millionen Dollar eines der vier florentinischen Mosaike, die einst das seit rund 50 Jahren gesuchte Bernsteinzimmer schmückten, auf den Kunstmarkt.
Er behauptet, der Vater seines Mandanten, „Mister X", habe jener Wehrmachtseinheit angehört, die mit dem Transport der Paneele des Bernsteinzimmers von Zarskoje Selo nach Königsberg betraut gewesen sei. Als der Konvoi unter sowjetischen Beschuss gerät und auseinandergerissen wird, nimmt „Papa X" das Mosaik an sich. Nach dessen Tod im Jahr 1978 findet „Mister X" beim Ausräumen des Dachbodens des Verstorbenen das Mosaik, hängt es in seinem Wohnzimmer auf und beschließt später es zu verkaufen.
Unabhängig davon, ob die Geschichte sich wirklich so abgespielt hat oder nicht, wird das Bild beschlagnahmt und man wartet auf das Gutachten der Fachleute vom *Opificio delle Pietre Dure* in Florenz, die schließlich dessen Datierung und die Florentiner Herkunft bestätigen. Es handelt sich tatsächlich nicht um eine in den Werkstätten von Zarskoje Selo ausgeführte Kopie mit *Pietre Dure* aus Sibirien oder dem Ural.

Der Tast- und Geruchssinn. *Das neue Mosaik und das Originalmosaik unterscheiden sich lediglich durch die grüne (Original) und gelbe (Kopie) Farbe der Leinwand* (Foto Ch. von Ettingshausen)

Mosaik Das Hören, *das in den Werkstätten von Zarskoje Selo nachgemacht wurde* (Foto Ch. von Ettingshausen)

Dieses nahezu intakte 55 Mal 70 Zentimeter große Mosaik befand sich in dem reich verzierten Rahmen der Südwand des Zimmers. Es zeigt die Allegorie *Der Tast- und Geruchssinn* und ist das wertvollste Bild der Serie, stellt es doch zwei Sinne auf demselben Bild dar. Hat man das Bild wirklich während des Transports nach Königsberg verschwinden lassen oder erst später? Ist es ein Zufall, dass just einen Tag, nachdem die Duma (das russische Parlament) Beutekunst, d.h. während des Krieges „gerettete" Kunstwerke, per Gesetz zu ständigem russischen Eigentum erklärt hat, plötzlich von dem florentinischen Mosaik die Rede ist? Für den Augenblick behalten die Russen (unter anderem) den von dem deutschen Archäologen Heinrich Schliemann ausgegrabenen Priamos-Schatz, der wohlbewacht im Puschkin-Museum in Moskau ausgestellt ist. Ende April 2000 jedoch übergibt der deutsche Kulturstaatsminister Michael Naumann den russischen Behörden mit großem Pomp das vor 250 Jahren in Florenz von Großherzog Franz Stephan von Toskana in Auftrag gegebe-

Holzrahmen für das Mosaik, bevor auf diesem die Bernsteinplättchen angebracht werden
(Foto Ch. von Ettingshausen)

Vorstudie auf Leinwand zur Auswahl der Bernstein-Farbnuancen
(Foto Ch. von Ettingshausen)

ne Originalmosaik sowie eine intarsierte Kommode aus dem 18. Jahrhundert, die zur Einrichtung des legendären Bernsteinzimmers gehört hat.

Nach dem Scheitern einer aus Archäologen und Geologen zusammengesetzten sowjetischen Kommission, die den Auftrag hatte, die verschwundenen Paneele wiederzufinden, und, da keine Spur gefunden werden konnte, im Jahre 1983 aufgelöst worden war, beschloss der Staat die originalgetreue Rekonstruktion des von Mythen umsponnenen Bernsteinzimmers. Dafür wurde die Sonderkommission *Restavrator* unter der Leitung des Architekten Alexander Kedrinski, der bereits für den Wiederaufbau des Katharinenpalasts verantwortlich war, eingesetzt.

Dieser würdige Nachfolger Rastrellis, der Zarskoje Selo vor dem Zweiten Weltkrieg noch unzerstört gesehen hat, scharte 17 „Meister" der Bernsteinverarbeitung, Zeichner, Drechsler und Schnitzer um sich. Dänische Amateure hatten sich bereits an die Arbeit gemacht, doch war ihnen mangels finanzieller Mittel bald der Atem ausgegangen.

Die Titanenarbeit bestand zunächst einmal darin, die Archive mit den Unterlagen von Bartolomeo Francesco Rastrelli zu durchforsten, die wieder aufgetaucht waren.

Mit Hilfe der Fotogrammetrie gelang es dann, anhand des einzigen je gemachten Farbfotos die Töne des Original-Bernsteins festzustellen. Es ging darum, die zahllosen Schattierungen des verwendeten Bernsteins vom opaken oder durchscheinenden Weiß über Honiggelb bis hin zum dunklen Braun für die Paneele, aber auch für „die 10 Sockeln, von denen 4 das Emblem Friedrichs I. [*Federicus Rex*] trugen, 4 mit dem preußischen Adler geschmückt waren und zwei geschlossene Kronen trugen" – wie es in dem zuvor zitierten detaillierten Bericht von Alfred Rohde heißt – wiedererstehen zu lassen.

Die Steinschneider machten sich an die Arbeit, identische Kopien der vier florentinischen Mosaike anzufertigen, allerdings mit Hilfe der aus

Eckkonsole zwischen der Nord- und der Ostwand (Foto Ch. von Ettingshausen)

Alexander Krylow, Bernsteinmeister in der Werkstatt von Zarskoje Selo, der für die Abstimmung der Paneele und die Farbgebung der verschiedenen Motive verantwortlich zeichnet (Foto Julio Piatti, *Point de Vue*, Paris)

den Uffizien oder dem *Opificio delle Pietre Dure* aus Florenz stammenden Vorlagen, die wir bereits gesehen haben.
1997 müssen die anerkennenswerten Arbeiten der Werkstatt eingestellt werden. Die Kredite der Kommission sind erschöpft. Es fehlen etwa fünf Tonnen Bernstein, um die Rekonstruktion des Zimmers abzuschließen. Alexander Krylow, Meister der Bernsteinkunst, der 20 Jahre seines Lebens mit der Rekonstruktion der Paneele verbracht hat, bedauert uns gegenüber, dass „so viel Energie und Geld aufgewendet wurden, um die verschwundenen Tafeln zu finden, während mit denselben Mitteln das in neuem Glanz erstrahlende Zimmer schon seit Ewigkeiten hätte fertiggestellt werden können!"
Und siehe da, 1999 wird das Versprechen, eine originalgetreue Kopie des Bernsteinzimmers, das zu Recht der Stolz aller russischen Herrscher war, Wirklichkeit. Die Ruhrgas AG, ein deutsches Unternehmen

aus Essen, finanziert den für die Fertigstellung des gigantischen Kunstwerkes erforderlichen Bernstein.
Diese private Gasgesellschaft wollte anlässlich ihres 75-jährigen Firmenjubiläums im Jahr 2001 ein „international bedeutsames Kulturprojekt unterstützen", so der damalige Vorstandsvorsitzende der Ruhrgas AG Friedrich Späth. Neben der Ankündigung einer Finanzierung in der Höhe von 3,5 Millionen Dollar führte er weiter aus, dass es seinem Unternehmen ein Anliegen sei, „die kulturellen Verbindungen zwischen Russland und Deutschland wieder zu intensivieren". Es wurde vereinbart, je nach dem Fortschritt der Arbeiten festgesetzte Beträge auszubezahlen, wobei eine Kommission aus deutschen und russischen Experten darüber wachte, dass die Gelder ausschließlich zu diesem Zweck verwendet wurden.
So können wir zur 300-Jahr-Feier der Grundsteinlegung von St. Petersburg dank der unermüdlichen, hoch qualifizierten Arbeit so vieler Künstler erneut den Zauber fühlen, der vom Bernsteinzimmer in Zarskoje Selo ausgeht. Das „achtes Weltwunder" erstrahlt wieder in seinem ganzen Zauber.

Personenverzeichnis

Atlantik
SCHWEDEN
FINNLAND
NORWEGEN
Oslo
Helsinki
St. Petersburg
Leningrad
Stockholm
Tallinn
Reval
Zarskoje Selo
Nordsee
ESTLAND
Ostsee
Riga
RUSSLAND
DÄNEMARK
LETTLAND
Klaipeda
Memel
LITAUEN
Kopenhagen
Vilnius
Gdansk
Danzig
Kaliningrad
Königsberg
Amsterdam
Berlin
Minsk
WEISSRUSSLAND
POLEN
Warschau
DEUTSCHLAND
Kiew
Prag
TSCHECHIEN
UKRAINE
SLOWAKEI
Pressburg
Wien
UNGARN
ÖSTERREICH
Budapest

Zeittafel

1701
Friedrich I. von Preußen beauftragt Gottfried Wolffram, für die Ausschmückung eines seiner Schlösser zwölf Tafeln aus Bernstein anzufertigen.

1707–1711
Ernst Schacht und Gottfried Thurau werden mit der Fertigstellung der Arbeit beauftragt.

1712
Peter I., zu Gast beim preußischen König Friedrich I. in Berlin, bewundert das Bernsteinzimmer.

1716
Friedrich Wilhelm I. schenkt Peter I., der erneut zu Besuch am preußischen Hof weilt, das *Tabakkollegium* oder *Tabakkabinett*, das sich damals im Berliner Schloss befindet.

1717
Januar: Abreise der Paneele aus Berlin
2. Mai: Ankunft in Memel
Sommer: Ankunft in St. Petersburg

1734
Die Bernsteinpaneele werden zum ersten Mal im Sommerpalast gezeigt.

1743
Arbeiten von Bartolomeo Francesco Rastrelli am Winterpalais und Verwirklichung der Neuen Eremitage von St. Petersburg. Der Bildhauer Alessandro Martelli wird beauftragt, eine Bestandsaufnahme des Bernsteinzimmers zu machen.

1744
Bestellung der Spiegel beim Kunstschreiner Michel in Paris. Der Londoner Francis Gardner konnte keine so großen Spiegel fertigen.

1745
Friedrichs II. schenkt der russischen Kaiserin Elisabeth den vierten Bernsteinrahmen für die Südwand, als Ergänzung zu den drei anderen. Die Spiegel in den Rahmen werden durch Malereien ersetzt.
Sawa Iwanowitsch Tschewakinski wird zum Architekten von Zarskoje Selo ernannt.

1746
Beendigung der Arbeiten am Bernsteinzimmer in der Neuen Eremitage.

1748–1755
Bartolomeo Francesco Rastrelli arbeitet am Bernsteinzimmer in Zarskoje Selo.

1751
Ausführung der florentinischen Mosaike durch Giuseppe Zocchi und Louis Siriès auf Bestellung des Großherzogs von Toskana, Franz Stephan von Lothringen.

1760
Gründung der Bernsteinwerkstatt in Zarskoje Selo durch Friedrich Roggenbuch. Der hölzerne untere Teil der Pilas-

ter des Bernsteinzimmers wird durch Bernsteinpaneele ersetzt.

1762 oder 1780
Katharina II. erhält die vier florentinischen Mosaike als Geschenk.

1770
Nach Fertigstellung heißt der Salon von nun an »Bernsteinzimmer«.

1773
Gregori Orlow schenkt Katharina II. den Diamanten „Orlow" mit 193 Karat.

1788
Das Bernsteinzimmer wird durch Sammlungen von Bernsteinartefakten bereichert.

1820
Brand von Zarskoje Selo. Objekte aus der Bernsteinsammlung verbrennen.

1830–1833
Erste Restaurierung des Bernsteinzimmers.

1861 und 1888
Aufstellung von Vitrinen, um die Bernsteinobjekte der Sammlung im Bernsteinzimmer auszustellen.

1865
Das verkleinerte Reiterstandbild Friedrichs II. von Christian Daniel Rauch wird im Bernsteinzimmer aufgestellt. Obwohl im Zweiten Weltkrieg nicht verloren gegangen, ist es heute entfernt.

1893–1897
Zweite Restaurierung des Bernsteinzimmers.

1910
Zar Nikolaus II. plant das Bernsteinzimmer in ein Museum umzuwandeln.

1911–1912
Letzte Restaurierungen des Bernsteinzimmers.

1913
Letzte Erwerbungen von Bernsteinobjekten durch den Zaren.

1917
Zarskoje Selo wird der Öffentlichkeit zugänglich gemacht.

1918–1937
Zarskoje Selo wird in Detskoje Selo (Kinderdorf) umbenannt.

1933–1935
Instandhaltungsarbeiten am Bernsteinzimmer.

1937
Detskoje Selo wird in Puschkin umgetauft, zum 100. Geburtstages des Autors. Die Sommerresidenz Zarskoje Selo (der Katharinenpalast und der Alexanderpalast) trägt heute beide Namen.

1941
September: Besetzung von Puschkin durch die Armee des Dritten Reiches.
Oktober/November: Abbau der Tafeln im Bernsteinzimmer, Transport nach und Aufstellung im Schloss von Königsberg.

1942–1944
Ausstellung der Bernsteinpaneele im Schloss von Königsberg.

1944
Juli/August: Verpacken der Bernsteinpaneele und mysteriöses Verschwinden.
31. August: Bombardierung und völlige Zerstörung des Schlosses von Königsberg.

1979–1983
Eine sowjetische Kommission erhält den Auftrag, die verschwundenen Bernsteinpaneele wiederzufinden und die Rückgabe des Bernsteinzimmers zu erwirken.

1983
Auflösung dieser aus Archäologen und Geologen bestehenden Kommission mit dem Auftrag, die verschwundenen Paneele wiederzufinden, und Beschluss der originalgetreuen Rekonstruktion des Bernsteinzimmers.

1997
Mai: Bei einem Notar in Bremen (Deutschland) taucht das florentinische Mosaik *Der Tast- und der Geruchssinn* auf. Die Rekonstruktionsarbeiten am Bernsteinzimmer durch Künstler der Werkstätten von Zarskoje Selo werden eingestellt.

1999
Das deutsche Unternehmen Ruhrgas AG beschließt, die Abschlussarbeiten an der Rekonstruktion des Bernsteinzimmers zu finanzieren.

2000
April: Rückgabe des gestohlenen florentinischen Mosaiks an die russischen Behörden.

2003
31. Mai: Eröffnung des Bernsteinzimmers anlässlich der Festlichkeiten zur 300-Jahr-Feier der Stadt St. Petersburg.

Bibliographie

Aschengreen Piacenti, Kirsten, Hugh Honour, Ronald Lightbrown, *Ambre, Avori, Lacche, Cere*, I Quaderni dell'Antiquariato, Milano, 1981.

Androsow, Sergej O., *Pietro il Grande Collezionista d'Arte Veneta*, Venezia, 1999.

Anthologie des voyageurs français aux XVIIIe et XIXe siècles, *Le voyage en Russie*, Paris, 1990.

Batowski, Zygmunt, *Architekt Rastrelli o swych pracach*, Lwow, 1939.

Bayreuth, Frédérique-Sophie-Wilhelmine, Margrave de, *Mémoires (1706-1742)*, Paris, 2001 (deutsche Übersetzung: *Eine preußische Königstochter, Glanz und Elend am Hofe des Soldatenkönigs in den Memoiren der Markgräfin Wilhelmine von Bayreuth*, Frankfurt, 1981).

Bencard, Mogens, *De Danske Kongers Kronologiske Samling*, København, 2000.

Carrère d'Encausse, Hélène, *Catherine II*, Paris, 2002.

Dupuy, Micheline, *La duchesse de Dino*, Paris, 2002.

Erickson, Carolly, *La Grande Caterina. Una straniera sul trono degli Zar*, Milano, 2000.

Fernandez, Dominique, *La perle et le croissant. L'Europe baroque de Naples à Saint-Pétersbourg*, Paris, 1997.

Grass, Günter, *Im Krebsgang*, Göttingen, 2002.

Grimaldi, David A., *Amber. Window to the Past*, New York, 1996.

Grzonkowski, Jens, *Bernstein*, Hamburg, 1996.

Habsbourg, Géza von, *Trésors des Princes d'Europe*, Paris, 1997.

Heiden-Rinsch, Verena von der, *Christine de Suède*, Paris, 2002.

Hein, Jørgen, 'Ivories by Gottfried Wolffram', in: *Scandinavian Journal of Design History*, Bd. I, 1991, The Danish Museum of Decorative Art.

Konsalik, Hans G., *Das Bernsteinzimmer*, München 2000.

Massie, Robert K., *Pierre-le-Grand*, Paris, 1999.

Mauriès, Patrick, *Cabinets de Curiosités*, Paris, 2002.

Montclos, Brigitte de, *Civilisation de Saint-Pétersbourg*, Paris, 2001.

Netzer, Susanne, ‚Bernsteingeschenke in der preußischen Diplomatie des 17. Jahrhunderts', in: *Jahrbuch der Berliner Museen*, 1993, Sonderdruck.

Palatine, Princesse, *Lettres* (1672–1722), Paris, 2001.

Plasseraud, Yves, *Les Etats baltes*, Paris, 1992.

Plinius der Ältere, *Naturalis Historia*, Frankfurt, 1994.

Rohde, Alfred, *Bernstein, ein deutscher Stoff*, Berlin, 1937.

Rohde, Alfred, *Königsberg Preußen*, Bd. 37, Leipzig, 1929.

Rohde, Alfred, *Pantheon*, Bd. XXIX, 1942.

Semjonowa, Natalja, *Das Bernsteinzimmer. Ein Weltwunder kehrt zurück*, Moskau-Köln, 2003.

Saint-Simon, duc de, *Mémoires*, La Pléiade, Bd. V, Paris, 1950.

Schröder, Hans, *Riga im Wandel der Zeit*, Tilsit/Leipzig/Riga, 1942.

Tosi, Alessandro, *Inventare la realtà. Giuseppe Zocchi e la Toscana del Settecento*, Firenze, 1997.
Troyat, Henri, *Terribles Tsarines*, Paris, 1998.
Van der Cruysse, Dirk, *Lettres françaises de Madame Palatine, Princesse européenne*, Paris, 1988.
Volkov, Solomon, *St. Petersburg. A Cultural History*, New York, 1995.
Voronow, Michaïl & Anatloy Kuchumow, *The Amber Room. Masterpieces and Applied Arts in the Catherine Palace-Museum*, Leningrad, 1989.
Wermusch, Günther, *Die Bernsteinzimmer-Saga*, München, 1991.

Kataloge

Ambra, Oro del Nord, zusammengestellt von Barbara Kosmowska-Ceranowicz, Palazzo Ducale, Venezia, 30. Juni – 1. Oktober 1978.
La Corte il mare i mercanti, La rinascita della Scienza, Editoria e Società, Astrologia, magia e alchimia, Florenz, 1980.
Trusted, Marjorie, *Catalogue of European Ambers in the Victoria & Albert Museum*, London, 1985.
La France et la Russie au Siècle des Lumières. Galeries nationales du Grand Palais, Paris, 20. November 1986 – 9. Februar1987.
Objets d'Art in Amber from the Collection of the Catherine Palace Museum, Leningrad, 1996.
Bernstein, Tränen der Götter, Ausstellung im Deutschen Bergbau-Museum, Bochum, 1996.
Kunstschätze aus Bernstein. Die Sammlung des Schlossmuseums Marienburg bei Danzig, Muzeum Zamkowe w Malborku-Gdansk, Maximiliansmuseum Augsburg, 27. Oktober 1996 – 2. Februar 1997.
Deutsch-russische Begegnungen im Zeitalter der Aufklärung (18. Jahrhundert), Wanderausstellung durch Deutschland und Russland, 1997.
Caterina di Russia, L'Imperatrice e le Arti, Mailand, 1998.
Bärnsten, den levande stenen, Kalmar Slott, 7. Mai – 20. August 1999.
Exotica. Portugals Entdeckungen im Spiegel fürstlicher Kunst- und Wunderkammern der Renaissance, Kunsthistorisches Museum Wien, 3. März – 21. Mai 2000.
Lothringens Erbe. Franz Stephan von Lothringen (1708–1765) und sein Wirken in Wirtschaft, Wissenschaft und Kunst der Habsburgermonarchie, Schallaburg, 29. April – 29. Oktober 2000.
Das Bernsteinzimmer. Ein königliches Geschenk für einen kaiserlichen Saal in Zarskoje Selo, Sommerresidenz der Zaren bei St. Petersburg, Schloss Britz, Berlin, 16. September – 17. Dezember 2000.
Treasures of Catherine the Great, Hermitage Rooms at Somerset House, London, 25. November 2000 – 23. September 2001.
La collection de gemmes de Louis XIV, Vorwort von Daniel Alcouffe, Louvre, Paris, 27. April – 23. Juli 2001.

Das Mythos Bernstein, Dortmund, 16. Februar – 13. Mai 2001.
Latvija, La Lettonie, Histoire, Arts, Traditions, Musée de l'Homme, Palais de Chaillot, Paris, 25. April 2001 – 20. Januar 2002.
Les Stroganoff, une dynastie de mécènes, Musée Carnavalet, Paris, 8. März – 2. Juni 2002.
Un temps d'exubérance. Les arts décoratifs sous Louis XIII et Anne d'Autriche. Galeries nationales du Grand Palais, Paris, 9. April – 8. Juli 2002.
Renaissance de l'Art de vivre Russe, Château de Haroué, 15. Juni – 22. September 2002.
Baltiski yantar y sobrani Ermitazha (Bernsteinsammlungen), Eremitage, St. Petersburg, August – Oktober 2002.

Reiseführer

Ambra, Tesoro degli antichi mari, Warschau, 2000.
The Armoury, Moscow Kremlin, State Museum-Preserve of History and Culture, Moskau, 1995.
Catherine Palace in Tsarskoye Selo, St. Petersburg–Zarskoje Selo, 1999.
Les Fantômes de l'ambre, insectes, fossiles dans l'ambre de la Baltique, Musée d'Histoire naturelle de Neuchâtel, 1992.
Jelgava/Mitau, 1995.
Klaipeda, Palanga, Neringa, Nida Today, Nr. 1, Juni 1993 – Mai 1994.
Monde de l'ambre. Les secrets de l'ambre dominicain, Museo Mundo de Ambar, Santo Domingo, 1998.
Il Museo dell'Opificio delle Pietre Dure a Firenze, Annamaria Giusti, Paolo Mazzoni & Annapaula Pampaloni Martelli, Mailand, 1978.
La Russie à Paris, Catherine Triomphe, Paris, 2002.
Opificio delle Pietre Dure di Firenze, Venedig, 1995.
Pays Baltes, Lettonie, Lituanie, Estonie, Kaliningrad, Country Guide Petit Futé, Paris, 1999.
Riga inyourpocket, April – Mai 2002.
Rosenborg Castle, A Guide to the Danish Royal Collections, Jørgen Hein & Peter Kristiansen, 1999.
Saint-Pétersbourg, Le Guide Autrement, Paris, 1998–1999.
Saint-Pétersbourg, Guides Gallimard, Neubearbeitung zum 33-jährigen Jubiläum von St. Petersburg, Paris, 2003.
Tallinn inyourpocket, Oktober – November 2002.
Vilnius, Trakai inyourpocket, Oktober – November 2002.

Dank

Mein großer Dank gilt jenen vielen Menschen in Paris, die mich im Laufe meiner Wanderschaft auf dieser „Bernsteinstraße“ unterstützt haben. Ich hoffe, sie erkennen sich wieder!
Dank Marta Albertini und den von der schwedischen *Baltic Sea Tourism Commission* organisierten Studienreisen, an die ich mich sehr gern erinnere, konnte ich den Spuren des Bernsteins folgen.
Besonders danken möchte ich in Salzburg Astrid von Aufschnaiter, der ich die Veröffentlichung dieses Werks verdanke, in Wien Christian von Ettingshausen, der mir die wunderbaren Fotos zur Verfügung gestellt hat, und in Amsterdam Walter Wybrands, der bei De Bataafsche Leeuw die französische Originalausgabe herausgebracht hat.
Nicht zu vergessen ferner in Paris Valérie Hermel vom *Cabinet des Estampes* der Bibliothèque Nationale sowie Henri-Jean Schubnel und André Nel vom Musée National d'Histoire Naturelle; in Moskau Achille und Oretta Amerio, Pierre Tolstoï und Lisa Evemko sowie Swetlana Romanowna, Archivarin am RGADA (Russisches Staatsarchiv für Alte Urkunden); die Konservatorin Iraida Bott, die Meister Alexander Krylow und Radi Schafejew in Zarskoje Selo sowie Olga Smirnowa, Salvatore Pinna, Alexandre Keltchewsky, Sergej Androsow, Larissa Yakowlewa und Marina Gisich in St. Petersburg; Stanislav Krzysztof Jacobson in Gdansk (Danzig), Polen; in Berlin Claudia Przyborowski in Schloss Britz und Elke Schwichtenberg vom Bildarchiv preußischer Kulturbesitz (bpk); Jörn Barfod vom Ostpreußischen Landesmuseum Lüneburg; Dela von Boeselager in Köln und Maritta von Uechtritz in München. In Brügge (Belgien) A. Vandewalle, Leiter des Stadtarchivs sowie Guy van Renynghe de Voxvrie. Jørgen Hein, Konservator der königlichen dänischen Sammlungen auf Schloss Rosenborg (Dänemark); in Italien Giovanna Bellasio und Marco Moussanet in Mailand und in Florenz Maurizio Bacci vom *Gabinetto Disegni e Stampe* der Uffizien, Francesca Marchetti, Spezialistin des *Studiolo* von Francesco I Medici im *Palazzo Vecchio*, und schließlich Giancarlo Raddi delle Ruote vom *Opificio delle Pietre Dure*; in London Linda Caller, Marjorie Trusted vom *Victoria &Albert Museum* und die Bibliothek des *Victoria &Albert Museum* sowie die Konservatoren der *Hermitage Rooms* im *Somerset House* und der *National Gallery*; in Riga (Lettland) Inga Nemse und Anita Koskina sowie Zigrida Ciematniece von der Kupferstichabteilung der *Rigas Vestures un Kugniecibas Muzejs* (Marinemuseum); Tiina Kruup von der kartographischen Abteilung der *Eesti Rahvusraamatukogu* (Nationalbibliothek) in Tallinn (Estland); in Litauen die *Gintaro Muziejus Galerija* von Vilnius und Nida sowie Salomeja Poskaitė vom Bernsteinmuseum von Palanga; und schließlich Henk Dessens vom *Nederlands Historisch Scheepvaartmuseum* (Marinemuseum) in Amsterdam, das *Museum Het Valkhof* in Nimwegen und das *Rijksmuseum van Oudheden* in Leiden sowie Wilhelm van der Kooij (†) vom *Czaar Peterhuisje* in Zaandam (Niederlande).

Finnischer Meerbusen
(332 fol., Bibliothèque Nationale, Paris)

1 Zitadelle und Insel Kronstadt
4 Festung Peter der Große
10 Festung Katharina
11 Festung Alexander
16 St. Petersburg
17 Peterhof
18 Oranienbaum
19 Narwa
22 Peipus-See
23 Reval
28 Pernau
29 Riga
30 Duna Fluss
36 Festung Hangö
39 Hafen und Stadt Helsingfors
42 Frederishamm